名师名校名校长

凝聚名师共识
回应名师关怀
打造名师品牌
培育名师群体

幼儿教师专业成长中的关键事件

深圳市苗圃工程蒋平名教师工作室⊙著

中国文联出版社

图书在版编目（CIP）数据

幼儿教师专业成长中的关键事件 / 深圳市苗圃工程
蒋平名教师工作室著. -- 北京：中国文联出版社，
2025.3. -- ISBN 978-7-5190-5832-6

Ⅰ. G615

中国国家版本馆CIP数据核字第2025JJ2691号

著　　者　深圳市苗圃工程蒋平名教师工作室
责任编辑　刘　旭
责任校对　秀点校对
装帧设计　刘贝贝　方　方

出版发行　中国文联出版社有限公司
社　　址　北京市朝阳区农展馆南里10号　　邮编　100125
电　　话　010-85923025（发行部）　010-85923091（总编室）
经　　销　全国新华书店等
印　　刷　三河市龙大印装有限公司

开　　本　710毫米×1000毫米　　1/16
印　　张　16.25
字　　数　210千字
版　　次　2025年3月第1版第1次印刷
定　　价　58.00元

序　言

在学习和实践中逐渐加深对专业的理解

　　本书中的各篇文章都是工作室老师写的关于自己专业思想的变化、对专业的理解以及专业成长的经历，一些文章中还有自己童年时的回忆、刚入职时的感觉等，这让我想起了自己刚进入大学时接触学前教育课程、阅读学前教育书籍和听教授上课时的情景，想起了自己进入工作岗位时接触幼儿园各种实际工作时的情景……虽然我已在学前教育领域工作了30多年，其间我在幼儿园工作过，在教育行政和教研部门工作过，在不同的省、市工作过，并且现在我已经退休离开了学前教育的工作岗位，但每当回忆起自己曾经的专业经历，我还是有一种特别的感觉。

　　我上大学所填报的志愿并不是南京师范大学的学前教育专业，甚至连教育系都没有填，但因为是写的服从分配，所以就被分配到了教育系，而且那年正好只有学前教育专业，我就这么懵懵懂懂地开始了学前教育的专业历程。

　　当然，进入大学，专业思想教育是必不可少的，老师的专业宣讲，已经毕业校友的工作介绍，以及参观幼儿园、交流等，这一切并不能让我对学前教育有多深的理解。

四年学前教育专业课程的学习，以及第三年开始的幼儿园见习，第四年去幼儿园实习和去一些地方的调研等，让我对学前教育有了一定的理解，但要说这种理解有多深还根本谈不上，更多的只是一种感觉。当然，一些基础的专业知识、查找资料和研究方法为我今后的工作打下了一定的基础。

我走上工作岗位后才发现，在大学里所学的许多专业知识似乎并没有太多用处，很多时候，现实完全是另一回事，与书本的距离很远。最开始，我是在江苏省教研部门做学前教育教研工作，其实我在学校里所学的知识还远远不能引领一个省的学前教研，哪有水平去指导市、区（县）和幼儿园的教育实践，更多的只是去了解基层的学前教育实际。为弥补学前专业知识上的不足，工作中我努力读一些在学校时并没有好好看的专业书籍，并且还通过其他途径找更多的专业书籍和资料来看，这时我对学前教育专业的理解已经从感觉逐步走向理性。

20世纪90年代初，我因工作调动来到深圳，直接被安排在幼儿园工作，先筹备过一所新园，后又在另一所幼儿园管过教学。对我影响较大的是，当我面对幼儿园具体实践的时候，才发现，即使我有了一定的学前教育专业知识，且对省、市、区（县）学前教育工作，尤其是幼儿园实践有了一定的了解，但要管理一所幼儿园的教学工作，我所储备的知识和能力还有所欠缺。在这之前，我从不会去面对幼儿园突然停水、停电的问题，也从不会去处理一个孩子在活动时摔伤的问题，但现在这些事却必须面对了，要处理了；而幼儿园的具体教学实践更不是理论上明白就可以的，如何面对不同的孩子，如何回答孩子不同的问题，如何组织某个教学活动，没有带过班，没有和孩子好好在一起待过，都是无法做好的。经过七年多在幼儿园的实践，我对学前教育专业的理解又更深了一层，虽然专业知识重要，但如何运用知识处理教育实践中具体问题的能力更重要。

后来，我从幼儿园调到宝安区的教育行政部门工作，之后又调至宝安区的教科研部门工作，这一阶段我面临的主要问题是如何引领和指导一个区的各个幼儿园的教学实践，仅凭已有的知识和经验是完全不够的。学习，不断地学习，接触更多国内外新的理论与实践，并把相关知识带到幼儿园，让幼儿园结合自身实际情况，让幼儿园呈现出良好教育教学状态，这是我在宝安区七年里所经历的。这时，我对学前教育专业的理解就是能在幼儿园的具体教育实践中体现出专业理念、专业知识和专业能力。

再后来，我在三年借调市学前教育行政部门后，重新回到学前教研工作岗位，但这回我要面对一个市，面对近十个区的学前教研工作，要直接接触几百所甚至上千所幼儿园的教学实践。我通过不断的学习，带领区里的同事们一起学习。这一时期，互联网为我们开阔了视野，为我们了解世界学前教育发展提供了有力支持，让我们能够接触到最新的学前教育理论和实践，也让我们有了更多可以参考、借鉴的东西。

我在市教科院工作的十多年里，深圳的学前教育教研队伍逐步建立起来，运用学前教育理论，不断地改变幼儿园教学实践并逐步向前推进，也因如此，深圳的学前教育才会在某些方面走在前面。比如，深圳的幼儿园学习环境创设，为孩子的游戏提供了较好的支持，还有一个特别的地方：夏天，在幼儿园暴晒的户外活动场地上，为孩子活动所搭的各种颜色、形状的遮阳棚、遮阳伞，是许多幼儿园都可以看到的景象。

30多年的学前教育专业经历，其实是我专业思想不断巩固和不断加强的过程，在这一过程中，学习、实践、思考，更多地学习、更多地实践、更深入地思考，就是在这样一个不断反复的过程中，让我对学前教育专业的理解更深、更细。

为此，我想把自己的专业成长经历，自己对专业的理解过程，作为书的开篇，一并放于深圳市苗圃工程蒋平名教师工作室所著的书里，以此为序。

刘 华

2024年3月

前言

　　教育的旅程是一场穿越崇山峻岭的漫长跋涉，每一次踏步都伴随挑战与磨砺，每一次前行都探寻未知与可能。步履坚实中，我也有幸与众多怀揣教育梦想的同路人并肩前行，共同见证彼此从青涩到成熟的蜕变。而今，将30余位一线教师的宝贵成长经历与深刻感悟，汇集成这本《幼儿教师专业成长中的关键事件》。愿这些故事中的智慧与经验，能成为路上无形的伙伴，与读者相互扶持，携手前进，共赴教育的山海。

　　自1992年我踏入教育行业，至今已有数十载。从岳阳的纺织厂幼儿园到深圳的民办园，再到机关幼儿园，我经历了从新手教师到资深教育工作者的蜕变。在这漫长的岁月里，我遇到了无数的挑战与困难，也收获了满满的成就与喜悦。我意识到，在一位教师独特的、具体的经历中，潜藏了许多关键的契机，而正是这些关键事件和节点，一点点塑造出我对教育的理解。

　　回顾这段教育历程，有两个关键事件对我影响深远。首先，是我初涉教育行业时的"困难"经历。那时的教育环境相对传统，教师培训机制尚未完善，作为一名毫无经验的新手教师，我时常感到迷茫和困惑。教室里孩子们的喧闹声仿佛成了我每天的挑战，带班、上课都让我感到压力重重。园里的老教师虽然在生活中给予了我一些帮助，但在专业上却鲜有指导。然而，正是这样的困境激发我独立思考、勇于尝试的勇气。我开始努力摸索适合自己的教学和管理方式，不断在实践中学习和调整。这段经历虽然艰难，却让我快速成长，逐渐找到了自己的教育方向。其次，另一个重要的转折点，是我有幸遇到了杨炼红园长和刘红丽园长。她们不仅在工作中给予我宝贵的指导和支持，更在精神上给予我巨大的鼓励和帮助。在她们的悉心指导下，我逐渐在教育教学和科研论文等方面取得显著进步。她们的智慧和经验让我受益匪浅，使我更加坚定了继续在教育道路上走下去的决心。

我也非常珍视与园里、工作室里的教师们的"闲话"时光，每每闲暇，我们会分享最近的日常，看到彼此的成长。在这些交流中，我尤其乐于听她们讲述自己的成长经历，交流那些曾让我们困惑的弯路，以及那些塑造、影响我们深远的人和书籍。聊天讲述中，我也总能感受到周围教师深刻的共情，我所经历的过去或许恰恰就是她们的现在和未来，这样的交流和互动也让我对教育的理解越发深刻。我意识到，这些质朴的、真实的成长经历和故事值得分享，尽管它们是教师个性化的关键事件，但可以从中看出教师们普遍经历的困惑、冲突、求索及对自身定位的不断明晰和对专业的持续追求。

在这本书中，30余位一线幼儿教师、幼教管理者分享了自己在教育教学、科研论文、人际交往、家园合作等方面的经验和感悟。希望我们的故事能够给那些正在教育道路上探索的同伴们一些遥远的陪伴，也希望新手教师能从中找到相似的情境和问题，并从中汲取智慧和力量，以加快自己的成长和进步。

本书的诞生，汇聚了一线教师的智慧、团队的协作及专家学者的指导，感谢所有为此付出努力和贡献的人。其中，特别感谢深圳市南山区机关幼儿园杨炼红园长和刘红丽园长，她们的培养让我在园长岗位上更加注重师资队伍建设，不断追求教育的高质量发展。同时，感谢深圳市教科院原幼教教研员刘华老师、罗湖区教科院幼教教研员李静老师及香港大学学前教育系的于泳稼博士和香港中文大学教育系的韩祉佚博士的关键指导。此外，我要感谢蒋平名教师工作室的全体成员，是你们的共同努力和付出，让本书得以顺利完成，也感谢所有一线教师对教育事业的深厚贡献与不懈付出，正是这份坚持与努力，共同铺就了孩子们茁壮成长的道路。

学前教育的道路并非一帆风顺，愿这本书能够成为我们的良师益友，为我们提供宝贵的经验和建议，帮助我们更好地应对这些挑战和困难，也希望这本书能够成为连接我们每一个人的桥梁，让我们能够有机会倾听彼此的故事，也照亮自己的成长之路。

蒋　平

2024年2月

目录

1

中 篇

砥志研思，教学相长
——走向专业之路

下　篇

相辅而行，相待而成
——合作共长之旅

上 篇

新手上路，忐忑前行

——职业生涯之初

懵懂　迷茫　突破

——一名幼儿教师的成长之路

深圳市南山区教育幼儿园　冯廖宁

"春有百花秋有月，夏有凉风冬有雪，若无闲事挂心头，便是人间好时节。"春生、夏长、秋收、冬藏，时序更替，华章日新，一年又一年，我们在四季轮回中慢慢成长。回首过往，四年的校园求学，再加上七年的工作经历，我竟与学前教育结缘了11年。11年的时光里，有初遇学前教育专业的懵懂，有刚入幼教行业的迷茫，当然，也突破了自我舒适圈挑战教研员一职，一步一帧，仿佛电影画面般循环放映，这11年发生的一点一滴，也铺就了一名幼儿教师的成长之路。

一、初遇·懵懂：求学路上的苦与乐

"世人万千种，各人皆不同。"有人从小就有明确的目标、伟大的理想，有人却懵懵懂懂，对未来全无规划，也无想法，

"走一步，看一步"是其信奉的人生信条，无奈，我就是后者。

2012年，我高考结束了，成绩还行，填报志愿时，面对着众多热门、可选择的专业，我唯独有一想法："毕业后从事的工作简单，环境简单，人际关系简单就行了。"逐一遴选后，唯有学前教育这一专业深得我心。面对我的选择，周围人有太多不解，以至于我一度怀疑自己是否真的把未来当"儿戏"了，我了解这个专业吗？我喜欢这个专业吗？好在有恩师为我答疑解惑，她说："学前教育并不只是带孩子玩，它需要极强的专业性……而且你报考的学校，这一专业的水平是一流的……我觉得你适合。"当时的我，还尚未完全领悟老师的意思，只记住了其中的这一句："幼儿园老师，更需要专业！"

就这样，带着稚气与懵懂，我开始了求学生涯。然而，真正接触这一专业后，才发现当幼儿园教师一点都不简单！四年中，唱歌、跳舞、弹琴、绘画是标配，但与此同时，幼儿游戏设计、幼儿心理学、幼儿行为观察与分析等众多理论学习也不能忽略，皮亚杰的认知发展理论、维果茨基的最近发展区、桑代克的试误说、班杜拉的观察学习……一个又一个理论学说，一篇又一篇期刊文献，一本又一本学者著作，充盈着我的学习与生活，使我最终圆满完成了学业。

学满归来多自信。当时的我，意气风发向未来，认为自己已经具备了成为一名合格幼儿园教师的专业标准；当时的我，面对旁人的质疑，能够有理有据地摆出各种大教育家的至理名言及理论研究，以此证明我的专业以及学前教育的重要性；当时的我，憧憬着早日进入幼儿园工作，施展自己在校园的所学、所获，期待与孩子们一同探索、一同冒险。现在想想，当时的憧憬如此纯粹、如此可贵，尽管对未来并没有清晰的规划，却怀着对学前教育和孩子们最真实的爱，而这份有些莽撞的"初心"，竟然真的一路支撑着我跌跌撞撞成长至今。

二、再见·迷茫：工作中的酸甜苦辣

"实践是检验真理的唯一标准。"2016年毕业后，满怀对工作的热情与期待，我来到深圳，来到南山，心想未来一片坦途，我就只需奋勇拼搏。现如今再想起，自觉当时的想法如此天真、幼稚，真是把"初入凡尘不知人间苦，蓦然回首已是苦中人"这句话体现得淋漓尽致。

起初，带班时，面对班级里30多个孩子，我以为只要足够温柔、足够包容，就能和孩子们玩成一片，赢得他们的信任，但现实却给了我当头一棒。我自认为趣味无穷的手指游戏，孩子们没玩两遍，就开始打闹、争吵；对于我的温柔劝导，他们一意孤行；对于我的耐心安抚，他们熟视无睹。于孩子们而言，我似乎只是一个"摆设"。除此以外，无论是组织区域活动、集体教学活动还是生活活动、户外活动，总会出现这样或那样的问题，要么指令不清晰，游戏规则讲解混乱，要么活动缺乏趣味性，孩子们兴致欠佳……我依旧记得，学期初的我信心满满、斗志昂扬，学期末的我却垂头丧气、精神萎靡，完全变了副模样。

是的，从"学生"变为"老师"，从"听讲"变为"传授"，从管好"自己"变为带好"孩子"，一系列的转变让我应接不暇，一系列的挫败更是让我陷入无止境的自我怀疑，到底哪里出了问题？是我不够专业？为什么主班教师一个指令孩子们就能遵守，而到了我这里却毫无秩序可言？我百思不得其解，难道我真的不适合当幼儿园教师吗？夜晚失眠时也曾想过要放弃，或许我真的不适合。但每每想起孩子们游戏时那天真的笑脸，想起自己每次外出学习回来时孩子们那甜甜的表白声："冯老师，你去哪里了？我们都想你了……"想起大学四年与同窗熬夜苦学的一幕幕，想起毕业前我曾在"一切为了儿童"石碑旁的庄严宣誓，我似乎又有一丝丝不甘心。

　　但现实面临的诸多问题该如何解决呢？我又迷茫了。我深知，3—6岁的儿童充满无限可能性，仅仅抱着一腔情怀投身幼教事业是远远不够的，理论与实践的完美结合必然要经过无数次的反复验证。自那以后，我不再以"师者"的姿态与孩子们相处，而是尽量蹲下来与他们对话，用心感受与孩子们在一起游戏、学习、生活的每一个瞬间。我决定抛却"本本主义""教条主义"，而是从实际出发，具体问题具体分析，例如，指令冗长、不清晰，我就借鉴班级其他老师的口令，及时反思、调整；活动开展过程混乱，我就通过不同的途径寻找名师资源，一遍遍学习、模仿老师们的活动组织方式；常规管理不到位，我就虚心请教有经验的教师，认真记录每一个小技巧并运用到班级中……久而久之，在前辈们的细致引导下，我逐渐积累了带班经验，组织活动也越来越得心应手。最重要的是，我发现，班级里的孩子们与我建立了真正的情感连接，他们愿意接纳我、信任我，和我一起分享自己的经历、体验，甚至会主动邀请我与他们一起进行各种科学实验，一同感受各种神奇的现象，孩子们的肯定，也让我感受到这份工作的幸福感与使命感。

相信很多刚入幼教行业的教师们，或多或少会体验到理论与实践的剥离感，会陷入自我怀疑与自我否定："我适合吗？我能胜任吗？这样做有意义吗？"我想，此时，我们要做的，就是努力将理论结合教育现场，在实践中不断总结、不断反思、不断锤炼，就终将等到"拨云见日"的那一刻。

三、成长·突破：教研时的挑战与感动

工作就是一个挑战接着一个挑战，每一次都是在挑战你认为不可能的自己。2020年，基于对未来的职业规划，我尝试突破自我的成长瓶颈，跳出自己的舒适圈，竞聘幼儿园教研员一职，以期充分发挥自己的专业能力，促进园所教师的专业成长。原本以为，我拥有扎实的一线带班经历，就能够很快适应教研员这一工作岗位，殊不知，一切都是挑战，一切都需从头开始。对于一名新手教研员来说，做教研，又谈何容易，怎样确定教研主题？如何调动教师参与教研的积极性……一个又一个问题接连出现，而我，完全不知道怎样有效解决。此刻的我，似乎又回到了刚工作时的状态——彷徨、无助，正如那句话所言："听了很多大道理，却依然过不好这一生。"是啊，从一线教师转变为教研员，从计划的执行者到方案的制订者，从顾好自己的"一亩三分地"

到统筹全局，考验的不单是一个人的专业水平，还有领导力、执行力、决策力等综合能力。

于是，我决定从一线教学出发，从教师的现实需求着手，放下对教研形式多样化、教研效果高评价的执着追求，通过沉浸式入班、教师教育笔记等形式，了解班级教学过程中出现的真实问题，再针对共性问题组织教师开展专门研讨。以区域活动学习单元的设计与应用为例，我以区级课题"大班区域活动中自主学习导向学习单的设计与应用研究"为引领，借助青年教师论坛，为这一教研形式创设平等、理解、尊重的教研氛围，与教师一起学习数学领域核心经验，鼓励教师聚焦核心经验投放数学区材料，并大胆分享本班投放的数学区材料与学习单的设计，形成园本资源库。

通过类似"接地气"的教研活动，教师改变了在教研活动中沉默、游离的状态，而是更积极主动地参与到研讨的过程中。新岗位，新挑战，随着教研工作渐入佳境，我对教研也有了不一样的认知，愈加感受到这个岗位的价值与意义。每当看到教师积极参与教研讨论，大胆畅谈自己遇到的问题的场景，看到教师将教研成果转化为教学行为的行动，心中充满感动，这就是幼儿园教师的担当。也许，彼时的我还未独当一面，但我始终相信，敢于尝试，勇于挑战，依托团队的力量，定能在不久后欣赏到绚丽的"朝阳"。

时光转瞬即逝，11年，说长不长，说短也不短，原本误打误撞进入学前教育行业，未承想如今已在幼教岗位坚守这么多年。这几年，我经历了不同的岗位，体验到了不同的责任。付出越大，收获越大，我早已从那个遇事想放弃、爱哭鼻子的"哭泣包"成长为潜力无限、做事靠谱的"内卷王"。在岁月里沉淀自己，在努力中突破成长，"成为一名优秀的幼儿教师"这短短11个字，却见证了我汗水与泪水的交织，代表着我永不止步的信念。正所谓："山有峰顶，海有彼岸，漫漫长途，终有回转，余味苦涩，终有回甘。"我愿意怀着一颗纯粹的心，继续在幼教这个充满爱和希望的行业，奉献自己的一份力量。

万般历练，皆是成长

深圳市龙岗区坂田街道和成嘉业幼儿园　李彦敏

回首这一年新手班主任的工作经历，往事一幕幕浮现在脑海。我刚当班主任时，心里有很多对新工作岗位的期待和开心，但对班级管理和家长沟通等方面都经验甚少的我来说，更多的是惶恐、紧张和不知所措。但我很感谢这些经历，因为经历过，所以在挫折中变得强大，进而让现在的我能以更加平和的心态面对困难，再没有以往的焦虑不安和彻夜难眠。

新当班主任时，我接的是一个小班班级，在第一个学期的某一天中午快起床时，我看到西西坐在床上，床上的被子已经装好了。我问西西怎么突然坐起来了，西西没有说话。这时，我听到生活老师说孩子尿床了，就给孩子换了干净的衣服。到了放学的时间，刚好这几天放学是西西的邻居阿姨接，于是我和西西的邻居阿姨说："今天西西睡太香啦，不小心尿湿了被子。"送完孩子后，年级组临时开了个简短会议。半小时后，西西妈妈发

9

了信息给我："孩子在学校尿床了，怎么连枕头都是湿的，如果不是湿的，为什么要包在一起，包的时候为什么不注意，做事情是不是太马虎了。"看到信息后，我询问了班级老师这件事情，班级老师说："当时提醒孩子快起来换裤子，孩子一起床，还没来得及提醒，就坐到自己的枕头上，所以枕头就湿了。"随后，我把事情的缘由用文字信息编辑发给西西妈妈，过了几分钟后，家委给我发了一张截图，是几分钟前关于西西妈妈在私下另一个家长群里发的一段话："班级老师做事太不小心，连枕芯都是湿的，稍微有一点生活常识的人，都不会把枕头包在被子里……"于是，我和家委说了事情发生的缘由。

几分钟后，我给西西妈妈打了电话，第一时间先向西西妈妈表示歉意，然后表示理解家长心情，并再次解释事情缘由。西西妈妈说："我已经打电话到园长那投诉班级老师了。"当时我一听，说："西西妈妈，如果有什么事情你可以直接找班级老师，您找园长，最后也是由班级老师解决。"西西妈妈说："我已经投诉了，还想我怎么样……"然后听到西西妈妈在电话里喊，孩子在旁边哭，通话被中断了。当天晚上，我再次打电话给西西妈妈，希望通过好好沟通，把事情说开。可是西西妈妈拒绝接电话，于是我编辑了一段信息发给西西妈妈，再次表示歉意和理解，解释当时为什么没有第一时间反馈的原因。我等了很久，没有家长的任何回应，家长的不信任和不理解让委屈一时涌上心头，很难过，很伤心，一个晚上都在想着这件事情……第二天，王老师看到我憔悴的模样，安慰了我，和我聊了很多，还聊到与家长沟通的方法，让我感觉我此刻的心情和委屈是被理解的，慢慢地释怀了许多。同时，王老师也给我指引了方向，给予了一些关于如何与家长沟通、建立信任的策略。情绪稳定下来后，我开始反思事情发生的原因：之前我可能由于一些事情，让家长产生了误会，才使家长情绪过激。在这种情况下，老师要理智，控制好情绪，不要急于辩解，耐心等待家长说完，然后再一一向家长解释，尽量避免与家长产生矛盾。然后，我和班级老师一同分析，找策略，才了解到原来这位家长是全职妈妈，她把所有的精力和期望全放在孩子身上，而且这位妈妈是一位注重细节的家长，这让我突然理解了那位妈妈的反应。从此，我会每天在孩子离园时，及时与家长面对面沟通孩子在幼儿园发生的事情；当孩子不舒服请假时，我会每天主动关心孩子的情况；在幼儿园时，我也会每天抱一抱孩子，和孩子聊聊天，让孩子感受到老师是很爱他、很关注他的。同时，每天离园后，班级老师会坐在一起开班级会议，说一说今天孩子的情况及遇到哪些问题等。

在我以为对孩子无微不至的关爱和及时的反馈可以获得家长的信任时，第二学期开学前一天，领导找了我，原来是关于这位家长的又一次投诉：投诉班级老师把家长自愿订购的画报在孩子面前发放，认为这是对孩子的区别对待。听到这些，相比上一次投诉，这次我少了很多焦灼，而是能以平和的心态坦然面对。因为我问心无愧，我对待每一个孩子都是一样的。然后，领导和我分析了此家长的家庭背景和家长行为背后的心理需求与动机，帮助我找到与该家长沟通的一些策略。从此，我把孩子在园发生的事情客观细致地告知家长，比如，孩子几点做了什么，几点吃完饭，吃了多少等。用平和的语气、委婉的态度与家长交流，同时遵循"一表扬、二建议、三希望"的原则，让家长感受到老师是很关注孩子的。当家长向我寻求帮助时，我也会积极向家长分享一些育儿经验，共同解决孩子的习惯问题。

除此之外，当我听说有一次西西妈妈骑电动车送孩子来园时不小心摔倒一事时，我马上关心询问了家长孩子的情况。当家长对幼儿园门口不许骑电动车的规定表示不满时，我会认真倾听家长所说，为家长提供表达和宣泄情绪的出口，让她感受到班上老师是理解和重视她的。之后，母亲节那一天，西西生病了，无法拍摄母亲节视频，这时我找到西西爸爸，请西西爸爸悄悄帮忙录制给妈妈的视频，但是因当天西西爸爸有事，且孩子又生病了而无法录制。西西妈妈知道此事后和我说："老师有心了，西西爸爸和我说了这事，非常感谢老师，而且这么关心孩子，辛苦了！"从那以后，西西家长越来越多地与老师互动和交流，平时也会与老师分享孩子在家的照片，或者主动分享一些有关主题活动的绘本资源。我能渐渐感受到，家长是在慢慢信任和支持老师的。

每一个新手班主任在成长的过程中可能会遇到很多事情，在遇到时不要过于焦虑和害怕，我们要学会放松自己，相信自己是可以的。所以当我们出现焦虑时，可以安慰犒劳自己，或者转移注意力，寻找让自己快乐的方式，学会调整心态。因为只有冷静下来了，我们才能识别这些焦虑的来源，才能思考问题出现的原因。学会主动反思，才能更好地解决当下的问题；焦虑消失了，才可以更好地做好当下的工作，以平和的心态去面对。经过这一年的历练，我意识到在面对孩子时心要细，及时关注到每一个孩子；面对班级老师时心要大，多体谅多理解；面对家长时心要松，因为总会遇到形形色色的家长。所以，放松心态，轻松面对吧。

在这个过程中，可能会有眼泪以及想放弃的念头，但我相信，坚持过后会是阳光与彩虹。当我重新回看这一年作为新手班主任的日子时，我不仅看到了自己在专业发展上的进步与成长，还有从配班到主班的心路历程变化。我从最初的懵懂无知到现在慢慢学会独当一面，在对待一些困难时可以更加从容不迫。所以，我很感谢这些经历，因为只有相信自己、积极面对，才能成为更好的自己。未来的路，我会继续带着自信与勇气坚持前行！

没上过幼儿园的幼儿老师

深圳市龙岗区坂田街道和成嘉业幼儿园　陈颖惠

我是一个没上过幼儿园的幼儿老师。可是，就是这样一个没上过幼儿园的我，阴差阳错，却选择了幼儿教师作为自己一生挚爱的职业。

一、学前教育是座大观园

高考的阴差阳错之下，排在志愿第二的学前教育收纳了我。"学前教育"是幼儿园教育吗？幼儿园教育是什么？没读过幼儿园的我，对这个专业产生了浓厚的兴趣。我爷爷是一名老教师，一开始我以为同为教育行业的他能支持或者理解我，可是却遭到了他的极力反对，但是当时的我不愿意去服从老人所谓活了一辈子的经验之谈。在极大的反对声中，我义无反顾地选择了这个专业。

进入这个专业后，我却发现学前教育实在不简单。琴、舞、书、画真是圆了我做艺术生的梦，眼花缭乱的理论让人好像从三岁再活了一遍的同时，还要对自己的身心都通通进行一番打量，这对我来说，好像在自己人生最缺失的那块找到了填补的机会。

幼儿发展心理学课上，我初次接触到"归属感"与"师幼关系"等概念，也第一次以学习者的角度探索陶行知、蒙台梭利等教育大家之思想。在埃里克森的人格发展八大阶段中，我终于理解了那个上厕所不敢报告老师、不知道怎么和小伙伴相处、就算是小学也不敢在大家面前说话害羞到离谱的我。有限的家庭环境没有给到我最需要的同伴社交与环境适应的挑战，在需要信任感和自主感建立的这几个阶段，我的心理危机过渡几乎是失败的，不自信、不信任、不自主几乎持续到我整个成人阶段。在讲到"幼小衔接"时，我在心中为自己摇旗呐喊："都没有认数就被抓到一年级背乘法口诀表真的好惨啊！难怪我不会！"而"气质的类别"与"家庭教养模式"等专业知识的学习，也让我最大限度地理解、接受了自我以及自我的形成。在这些对成长的再回首中，我逐渐在学前教育中"越走越深"。

大三时，因机缘巧合，我第一次真正走进了幼儿园。

我的实习期因学校与班级的宽松环境让我并未感受到很大的压力，满意的开端就是成功的一半。每天和上大班的他们待在一起都很开心，有时候他们还会和我开玩笑说："你今天的口红很好看哟！"他们不会叫我老师，我们都是叫对方的名字，他们会叫我"勺勺"，和他们在一起，就像是一群年纪不太相仿的朋友。那是我人生中的第一个毕业班，也是我第一次进行"幼小衔接"实践的班，他们对小学生活很向往，他们对数和量有很强的感知，可以进行很好的对应与组合，我想这样的他们应该不会因为要上学而焦虑，一定会更加优秀！后来为他们点朱砂、戴红领巾、办毕业典礼……出现在别人的毕业照里是一种很让人感动的事情。原来幼儿园的一线工作也没有那么难、那么遥远，我觉得很满意！

二、打铁还需自身硬

因为实习期的愉快经历，毕业后我没有返校，而是选择投入幼儿园一线工作，我和队友都很期待我们的新班级，但是，"前线"之所以会被称为"前线"，是有几分"战场"写实的。

我的第一份工作被分配在小班，当第一个孩子进入教室时，工作就已开始。一个三岁小孩会对任何不熟悉的人表现出最初的不信任，且会以最直截了当的方式表达他们的不信任，老师在他们眼里是个很抽象的名词。和34个三岁孩子同时建立信任与亲密关系是我在工作里迎来的第一场挑战。"为什么""不要哭""停下来"，在那段时间里我来来回回说了许多遍……午睡时的哭声让我耳鸣，等到下午送完最后一个孩子，我们坐在教室里沉默了很久。第一天的工作全部结束时，已经是晚上的12点了，我们用最后的一丝热情说了"明天见"。

在这样的状态中，我突然有那么一瞬间，在孩子们身上看到了小时候的自己：上厕所不敢说，尿裤子了不敢说，本来说得好好的一到台前就说不出话来，遇到麻烦不敢告诉老师，没有小伙伴一起玩委屈到自己默默流泪……我慢慢会让自己代入哭泣时的他们，一下子对于孩子们的很多不理解都明了了，"如果我是孩子，我希望我的老师怎么样？"有了这样的思想转变，我和孩子们的信任关系好像一下子联结了很多。孩子们没有那么多的社交技巧，喜欢就会接近，害怕就会远离，想要与他们建立联结，唯一的办法就是用爱回应孩子们的心。

　　我带的第一个小班在学期中的某一时刻让我意识到了"爱"与"被接纳"的意义。其间，因一些原因我回家一个星期，当我再回来时，想象中的是大家会来问我"老师你去哪里了，老师我想你"等等，但现实并非如此。虽然能理解孩子们，但我还是难免有点儿失落。区域活动的时候，我主动去抱了一个小朋友，然后说："好想你呀！"没想到，她说："老师我也好想你，你去哪里了，去了那么久呀？我还以为你不回来了！"然后很多小朋友过来说："对呀，老师你去哪里了？好想你呀！"想念之情涌来，班上老师说："你不在那几天，有一位老师因为和你有点儿像，小朋友每次看见都会说'你和我们的陈老师长得好像呀'！"我有点热泪盈眶，那是我难以忘怀的一次回应。

　　这份热情的反馈让我慢慢学着更加直接地表达自己的感情，从对孩子慢慢到他人，会很期待这份直接得到同样直接而热烈的回应，这是孩子对我的第一份触动与改变，好像自己孩童时代的一些空缺渐渐地被爱填满。当我意识到这一点时，工作变得更加得心应手。而我也在此期间不断得到锻炼与提升。

教育是一份耕耘。和孩子的相处就是慢工出细活，可千万别着急。熟能生巧，所以也千万别慌。在经历第二个小班时，我变得更加游刃有余，很多事情变成了"没关系""慢慢来，再来一次""没关系，你可以先哭一会儿""我陪陪你吧！""需要帮忙吗？"。我更相信自己，也更相信他们，好像更明白第一次上幼儿园面临危机的其实不是我而是他们。慢慢地，好像自己从一个摸索者转变成一个支持者，教育也更容易发生。

我变得更有精力观察孩子，沉浸到孩子中间去，真的能发现很多有趣且有意义的事情。他们哭的时候好像也不用着急劝，了解情绪的原因好像更重要；尿裤子了也没关系，老师读小学都会尿裤子呢！但是是怎么尿湿了呢，我们要一起来想一想；鞋子总是穿不好没关系，我们去看看别的小朋友是怎么穿的；别人都走了你还在干什么呢？哦，原来你看到这里有一只小蚂蚁，它好像在扛着食物哦！

我好像慢慢地掌握了和孩子的相处要领了——接纳、理解、尊重、支持还有倾听。后来，我总会和爷爷谈论起我和孩子们之间的趣事，还会调侃："你看就是你不让我上幼儿园，现在知道我为啥……"老人家每次听到这儿都会笑笑。后来有一次说："确实，幼儿班有它的道理。"虽然我没有问过这道理的具体内容，但我想，要再回到小时候，我应该能上幼儿园了吧。

回顾幼教这一路，这条路上我摔了一些跟头，但是还好伤势不重，可以爬起来毫不犹豫地继续往前冲。未来还有哪些契机尚且未知，但是只要在这条路上行走，就会情不自禁地被沿途风景吸引，越来越沉迷其中。对我来说，似乎正是因为自己缺乏的这部分支持反过来督促着自己成为一个更好的支持者，而我遇到的每一个孩子都是一颗颗闪闪发光的星星，点缀在我的漫漫从教生涯里，一个从来没上过幼儿园的我，现在真正地爱上了幼儿园。

从学会观察开始学会教育

深圳市南山区华侨城世界花园幼儿园　王婷

作为一个新手老师，进入幼儿园的第一个学期就接到了一个非常艰巨的任务：学期末要进行观察记录的分享汇报。孔子有云："学而不思则罔，思而不学则殆。"通过及时思考，才能将零散的事件转化为教育教学的经验，及时观察、梳理、分析和反思，可以帮助自己在专业领域更好地成长。然而，因为经验不足，刚开始观察时，我有很长一段时间是没有任何头绪的。我们班有33个孩子，我该观察谁呢？教室里有八个自选活动区域，我该重点看哪个区域呢？是该观察幼儿的社交活动，还是幼儿的情绪情感，又或是幼儿的操作行为呢？许多问题浮现在我的脑海中。刚好积木区是我这学期观察指导的重点，我决定就从观察孩子们在积木区的游戏开始。

一、重视幼儿遇到的问题

片段1

记录：龙龙在积木区用三个长条木板并排搭建了一个斜坡，

并将小车放在斜坡的最高处让其自然滑落，但是在龙龙进行第二次尝试时，斜坡掉落下来。

分析：龙龙用三个长条积木板拼接，形成了一个有坡度的斜面；他将小车放在斜面上让小车自由滑落，是探索斜面与重力之间的关系。但是在龙龙第二次尝试的时候，斜坡掉落下来，探索终止。为了让幼儿能够更持续、持久地探索斜面与重力之间的关系，幼儿需要搭建一个稳固斜坡。

我观察到幼儿遇到了一个问题——斜坡不稳。但是我该如何给他提供合适的脚手架呢？是语言引导他："你试试增加个支撑点"，还是用平行游戏的方式用搭建行为将"稳定斜坡"的搭建方式展示给他呢？在我犹豫不决的时候，我去查阅论文，希望能借鉴其他老师的经验。在一篇文章中，我看到了一个很有帮助的观点。这个观点来自我国的教育家陈鹤琴先生："我们不要拒绝小孩子的问题，也不要以'有问必答'的方法对付他，我们应当利用他的问题来施行我们的理想教育。"

分析和思考后，我克制住了直接语言回答和行动展示的冲动，而是将我录制的搭建失败的视频利用集体谈话时间展示给幼儿，希望能倾听幼儿的想法。孩子们的答案给了我很大的惊喜，他们不仅想到了增加支撑点，还想到了用砖块压住和斜坡板两边多伸进去一点的办法。看着幼儿围绕这个问题争先发言的样子，我突然理解了苏格拉底说的："教育不是灌输，而是点燃火焰。"

二、给予幼儿适宜的材料

片段2

记录：仔仔在积木区用一个长条木板作为小车的斜坡轨道，但是他将小车放上去的时候遇到了一个新问题：小车并没有按照他预设的"轨道"行驶，而是掉在了地板上。通过餐前集体讨论，班级幼儿提出了用柱子或者长条积木把轨道围起来的方法。幼儿在探索的过程中做了三种尝试，分别是用积木的三个不同的平面来围住斜坡。通过实验，幼儿认为用最宽的那一面围住更好。

分析：仔仔的这个斜坡轨道与龙龙搭建的斜坡平面比起来，更窄一点儿，且木板过于平直，所以在小车下滑的过程中很容易偏离轨道。幼儿提出用积木围住的方法的确可以保证小车顺利滑下来，但缺点是需要大量的积木材料。

当幼儿提出的"围住斜坡平面"的解决方法不能帮助他们继续深入探究时，作为教师的我，可以为幼儿做些什么来推进幼儿的斜坡搭建呢？蒙台梭利在《童年的秘密》中提出，合适的材料能够激发幼儿的内在学习动机和求知的欲望。这次，我决定从材料入手。通过班级教师的共同教研和查阅书籍，如《与幼儿一起学习STEM：用斜坡和轨道开展探究性教学》等，我们给幼儿找到了新的搭建材料：长条纸巾筒。长条纸巾筒虽然窄，但是它的轨道结构可以很好地保护小车不掉下去。

皮亚杰曾提出："儿童的智慧源于对材料的操作。"材料越丰富，形式越多样，幼儿在操作的过程中就会变得越聪明、越自信、越大胆。所以，仅仅局限班级已有材料是不够的，我们可以尽可能地拓展材料的种类与形式。根据观察结果，将选定的长条纸巾筒材料投放到区域后，我观察到新的材料的确推动了幼儿游戏水平的提升，幼儿很快就开始进入解决衔接问题的阶段了，同时幼儿的斜坡作品也开始变得越来越长、越来越有设计感。

三、鹰架幼儿思维的发展

片段3

记录：天天和妙妙在积木区搭建了两段式的斜坡轨道，并给小车设置了一个终点。在衔接处，他们采取了将上面的斜坡放长的方法来帮助小车减少阻力，同时他们采取了增加多个支撑点的方式来稳定轨道。但由于斜坡轨道过长，小车在下滑的过程中停在了第二个轨道的中间，天天观察到这一现象后，将轨道最高处的积木上抬，以垫高支撑点。经过第二次调整，小车顺利到达预设终点。

分析：天天和妙妙在斜坡轨道衔接和保持斜坡轨道稳定性方面已经具备一定的经验，但是也遇到小车动力不足的问题。天天发现小车没有进入预设终点，便尝试将斜坡轨道的最高处增加一个积木块，表明天天已经了解到垫高支撑点可以使小车滑得更远这一现象，能初步感知支撑点高低与小车下滑距离之间的关系。

维果茨基提出了最近发展区理论，他将最近发展区定义为"实际发展水平与潜在发展水平之间的差距，前者由儿童独立解决问题的能力而定，后者则是指在成人的指导下或是与能力较强的同伴合作时，儿童能够解决问题的能力"。在此片段中，天天的现有思维水平已经可以初步感知斜坡与能量之间的关系。在录制了这一段搭建视频之后，我开始思考，如何把天天的已有经验传递给班级的其他儿童呢？

正当我找不到合适的引导方法时，我查阅到了最近发展区理论的方法论——支架式教学。支架式教学即通过支架（教师帮助）把管理学习的任务逐渐由教师转移给儿童，最后撤去支架。在餐前活动时间，我邀请天天来当一次小老师，来分享自己解决动力不足的问题的方法，并说明理由。天天非常认真地讲解，虽然他无法使用"倾斜度""惯性""动力势能"等专业的学科词汇，但他用最原始、最朴素的经验来解释斜坡与能量之间的关系："斜坡搭得越高，小车跑得越快，所以小车最后能顺利进入预设终点。"并且能带领部分幼儿进行斜坡与能量的进一步探索活动。

幼儿的语言似乎更能让幼儿听懂，搭建在幼儿发展区之间的支架才能吸引幼儿的注意力，激发幼儿的探索动力。作为新教师，这一次偶然的观察实践让我更深刻地理解了最近发展区的含义与支架式教学的实践意义。

四、保持教师自身的成长

片段4

记录：随着时间的推进，幼儿在初步感知了斜坡与能量的关系之后，开始尝试搭建三段式的斜坡，幼儿的斜坡搭建作品呈现上、中、下三段。在实验垫高斜坡支撑点的方式帮助小球上坡时，分别尝试了一块、两块、三块、四块、五块的支撑点。结果发现，三块积木刚好可以帮助小球上车，而四块、五块却不行。也就是说并不是斜坡坡度越大，小球滚得越远。为什么会这样呢？斜坡坡度太大的话，小球的"力量"又跑到哪里去了呢？这是个我预设之外的事件，对于这个现象，当时的我不知道该如何去做科学的解释。我尝试着将问题抛给幼儿，若兮举手回答："小球的力量撞到地板上了。"

分析：5—6岁的幼儿的问题意识会越来越强，解决问题能力也逐步提高，随着幼儿动手操作能力的增强，幼儿能够自己动手去寻找问题的答案。通过后期的资料查阅，我得知当斜坡的角度大于45°的时候，由于引力的作用，球受到的向上的力变大，向前的分量变小，所以45°斜坡小球滚动最远。当斜坡角度为90°时，小球的力量受引力的影响垂直下落，砸向地面。所以幼儿正在以他自己的方式来解释生活中遇到的问题和现象，这也是我第一次在与幼儿相处的过程中看到了维果茨基所说的前科学概念。

在观察的后期，我苦恼于如何为幼儿讲解这些晦涩难懂的科学概念。我尝试了给予幼儿专业的解释，但是幼儿并没有表现出很大的积极性。偶然的机会，我了解到中国教育科学研究院的刘占兰研究员曾经表示，幼儿不可能真正掌握科学概念，我们能做的是给予幼儿充足的时间与空间去操作、试错，让幼儿在操作中学习，在试错中成长。

　　原来困惑了我几个星期的问题，刘占兰研究员已经深刻地思考过了。读完她的文章，我尽可能地将区域自选时间完整地给予幼儿去操作和探索，控制住自己想要"帮助"的欲望，等待幼儿在自己的节奏里，完成对事物的探索，初步建构属于他们自己的前科学概念。

　　3—6岁的年龄特点决定了纸笔测试并不适合幼儿，所以细致地观察和准确地鹰架对于幼儿的成长是那么重要，而这也是老师要终身面对的课题。通过一个学期的思考与探索，我从一个手足无措的新手教师，在教育实践中慢慢地积累经验，在阅读与反思中逐渐成长与收获。原来观察并不像我想象得那么难，最重要的是用心理解幼儿遇到的问题，体察幼儿的真实需要，并且放手让孩子们有机会表达。我也明白了只有用心观察幼儿的游戏，不断地钻研、阅读和学习，才能更好地理解幼儿、帮助幼儿成长。

　　这次成功的观察是我职业生涯中的一次关键性事件，让我明白了观察和分析的重要性，也不断加深着我对幼儿成长规律的理解。"十年树木，百年树人。"小树长成木料需要很长的时间，而培养一个人成才则需要更长的时间。在幼儿教育的道路上，我还将继续以无尽的耐心和爱心来倾听幼儿、走近幼儿，在真实的教学过程中不断学习，从学会观察开始学会教育。

影响我成长的关键读物

深圳市南山区华侨城世界花园幼儿园　陈园

我在小时候就很喜欢读书，书籍不仅是帮我增长知识、见闻的老师，也是陪伴、鼓励我的朋友。还记得小时候每学期收到新课本时，我都会第一时间用好看的书皮仔仔细细地把书包好，阅读的时候也会小心翼翼地保护我的"良师益友"。这些年我浅尝辄止，读过的书有很多，虽然有些已经记不清书名，但是黑柳彻子的《窗边的小豆豆》和陶文鹏、郑园的《苏轼集》让我至今印象深刻，也是引导我在学前教育领域找到热爱、坚守本心的明灯。

一、专业精进的向导——《窗边的小豆豆》

在本科就读学前教育专业时，老师推荐的专业书籍有很多，但是激发我真正开始思考学前教育的意义的，还是这本《窗边的小豆豆》。

《窗边的小豆豆》的作者从旁观者的角度回忆小豆豆在巴学

园的经历，以便我们可以更加全面客观地了解小豆豆接受的教育以及小林宗作老师的教育智慧。以大部分当代家长的观点来看，巴学园似乎并不是一所传统意义上的学校：它接收很多不被传统学校接受的学生，比如被退学的小豆豆；在这里，也没有固定的学习任务，学生可以自行选择自己喜欢的科目进行学习。在这样平等尊重、自由包容的教育模式下，巴学园的学生被培养出了认识自我、亲近大自然、与同伴友爱合作的意识和能力。

  书中的小豆豆一开始是一个被退学的孩子，但在巴学园的教育环境中，逐渐成长为懂礼貌又活泼的学生，因为她心里一直记得小林宗作先生说的"小豆豆真是个好孩子啊！"这句话很让我感动，也唤起了我年少时的求学记忆。在初中时，我因为物理成绩不理想而不喜欢上物理课，还时常在老师讲题时思绪乱飞，并对自己糟糕的物理成绩不以为意，毕竟我其他科目的成绩都名列前茅。记得有一次，老师讲解物理试卷时，我漫不经心地说出答案，还嘀咕了一句："这有什么难的，根本不需要讲解。"老师当时没有生气，只是淡淡地回了一句："有些成绩不好的同学，不是笨，而是因为眼高手低，看不上很多题。"只是短短的一句话却让我一下子愣住了，原来自己分数低的症结早就被老师看穿。从那以后，我打起十二分精神上物理课，积极地与老师互动，成绩自然也就稳步提升。随后不久的一次课上，物理老师表扬了我："孺子可教！"这句话就像在我心里黑暗的房间角落里打上了一束光。可能这只是很小的一个插曲，但是却让我印象深刻，成为改变我学习轨迹的转折点。从那以后，我意识到语言是建立师生关系的桥梁，甚至老师的一句话可能会对学生的未来发展产生至关重要的影响。成为老师以后，我更加注意语言在日常教学中的力量，试图循循善诱地启发学生的深度思考。

小林宗作老师不仅为孩子提供积极的心理环境，还会教孩子们上韵律课，让他们自由地感受音乐的美，或是鼓励孩子去户外走走，感受大自然的力量。小林宗作老师尽可能地给孩子们提供足够自由的空间，去保护和发挥他们的天性。他信任和尊重孩子们，把他们当成大人一样对待，会俯下身去认真倾听孩子的想法。他是真的热爱教育事业。能在漫长的人生中遇到这样的老师，是每一个学生的幸运。

该书引发我思考教育的意义和本质问题：教育究竟是为了什么？教育究竟是为了谁？很多人会说，教育当然是为了培养学生。可是，真正能在实践中做到这一点的，可谓少之又少。对于很多家长、老师来说，教育是为了管理出"好孩子"，培养出合格优秀的下一代，而往往忽略了塑造孩子健全人格和健康心理的重要性。小豆豆的故事之所以让人感动，大概就是书中的老师和父母没有要求她成为博闻强识、技艺超群的优秀孩子，而是始终更注重培养她的人格，培养一个可爱善良的孩子。该书传达出的教育宗旨不仅打开了我的教育视野，而且帮助那时的我建立了自己的职业理想，希望自己可以在学前教育的路上实现人生价值，发挥自己的光亮，照亮孩子们成长的路。

二、直面困难的法宝——《苏轼集》

初识苏轼，是在语文课本上，我当时只知道他是一位文坛大诗人，但是随着年纪的增长和阅历的丰富，我渐渐理解并喜欢上了读苏轼的诗词。

彼时正值大三，我因为毕业去向以及毕业论文等事情而忙得焦头烂额。在思考未来的那段时间，我发现原来长大以后的人生并不像小时候预想的那样灿烂宏大，心情不免有些沮丧。这时，一位郁郁不得志、大半生都在被贬的宋朝大诗人苏轼走入我的视野。

这位写下"竹杖芒鞋轻胜马，谁怕？一蓑烟雨任平生"的大诗人，在并不平坦的生活中依然抱有乐观淡然的心态：数次被贬谪，但他从未被打击绊倒。我惊讶于他身上仿佛永远不会被击倒的坚强，也从中汲取了坦然自若的精神力量。通过苏轼的词，我不再因为迷茫未来发展而沮丧，而开始明白自己只是茫茫人海中的一粒尘、参天大树上的一片叶。成长的第一步就是接受自己的平庸、承认自己的不足，并努力补上自己的短板，不被年少时的豪情万丈和远大抱负困扰，而是脚踏实地做好手上的每件事。

我想，苏轼的洒脱不羁离不开他心怀天下的宽广胸襟。在苏轼的词中，既可看到气势磅礴的"大江东去"，也能领略到恬静和谐的农村风光；既有"致君尧舜，此事何难"的报国壮志，也有求仙问道、"江海寄余生"的低沉歌吟。他写过不少粗犷豪放、奇峭雅丽的杰作，也留下大量婉约含蓄、情真意切的佳作。

但是我最喜欢的还是"一叶舟轻，双桨鸿惊。水天清、影湛波平。鱼翻藻鉴，鹭点烟汀。过沙溪急，霜溪冷，月溪明。重重似画，曲曲如屏。算当年、虚老严陵。君臣一梦，今古空名。但远山长，云山乱，晓山青"。苏轼写景总是给人一种雨过无痕却滋润万物的轻盈，这让他的文字极具力量，每每读来，总能沉静我的心灵。

从事幼教行业，我们时常需要面对很多困难，比如，繁杂琐碎的工作对教学时间的挤压、家长对老师的抱怨和不信任。一路走来，我们除了需要解决在专业发展上的迷茫和困惑，更需要强大的心力去消化、应对社会上的不被理解或委屈。每当这时，我就会想起苏轼的那句"人生如逆旅，我亦是行人"。工作中遇到不如意的事情十之八九，每个人都有属于自己的修行，这样读着苏轼逆境中写下的诗句，我的心态也慢慢开阔起来。

人类诞生的千百年间，已经生出了无穷的智慧，这些可以流传下来的智慧大多被记录在书中。我一直相信任何我所苦恼的问题，在许多年前必然也困扰过这些作者。而阅读是引领我不断成长的法宝，使我可以跨越时空与作者们的灵魂交流，从字里行间揣摩他们当时的心境，并学习他们的应对办法。

良师相伴，事半功倍

深圳市南山区华侨城世界花园幼儿园　余春桃

刚毕业一年，我便转入新的幼儿园。虽有过一年的教学经验，但进入一个全新环境的我，对新的幼儿园还很陌生，与同事也还不够熟悉。每当我遇到一些小困惑时，我总是不敢请教老教师，一方面是关系还不熟悉，有些羞涩；另一方面则是害怕，害怕这些小事会打扰别人，也害怕会被拒绝，更害怕别人会认为我能力不行，没有经验。因此，我在遇到问题后常常会选择自己默默消化。但是经历过运动会排练的事件后，我对于向老教师请教一事的想法有了很大改变：从刚开始的忐忑不安、羞于表达，再到后来勇于主动询问，原来请教老教师并不是什么难事，我也从中收获颇丰，在短时间内快速学到了很多关于幼儿教育教学的理念和方法。

一、接到任务，心中忐忑

冬季运动会来临，身为配班教师，我接到带我们班的孩子排练篮球操的任务。虽然有过一年的教学经验，但是带孩子排练节目这事，我也毫无经验。由于此次是第一次由我主导带幼儿完成排练，我内心十分忐忑。虽说班级的教师们是一个团体，但是每个教师的分工还是很明确的，比如，在这次运动会中，排练篮球操、教动作和排列队形都是由我负责和跟进，这让我产生了需要独立高效完成任务的紧张感。在过去一年里，一方面，虽然我也看过别的教师带孩子排练节目，因而对这个任务并不完全陌生；另一方面，我也察觉到教师们在带练时无奈和乏累的状态，让我意识到这不是一件可以随便轻松完成的事。我不怕吃苦也不怕累，但我不想辜负同事和孩子们的信任，所以更多的是担心自己做不好。但由于别的班都是配班教师在独自跟进这件事，我就不好意思主动开口请求班主任的帮助，只能在心里祈祷事情能顺顺利利地完成。

二、陷入困境，羞于开口

然而，事情的发展并不能如我所想的那样顺利。第一天的动作学习，我便陷入困境中，因为即使是很简单的动作，小朋友们也并不如我所期待的那样做得整齐。由于我先前没有给孩子排节目的经验，而只有作为成人参加过排练的经验，所以我只能根据自己的经验，一遍一遍地组织孩子们重来，期待他们的动作能整齐划一，但是发现收效甚微。我不断地让孩子们重来，结果却是孩子们的动作不但没有如期待的那样变整齐，反而是越来越多的孩子不在状态。面对这种排练效果，我的心情越发烦躁，我觉得自己好像不会教了，明明说了很多次动作的技巧，但小朋友们还是没有学会。排练时间已经远超15分钟了，我的班主任见状赶紧打断我，说孩子们累了，需要喝水休息，我虽无奈，但也只能暂停排练。休息过后，我原打算重新排练，但被班主任制止了。她很严肃地告诉我，小班孩子的注意力是10—15分钟，现在就算加练也达不到效果。经过提醒，我的脸顿时羞红了，这明明是学过的知识，可我却还需要班主任提醒才记起，我想在她眼里我肯定是知识和经验都不足的新手教师吧。于是，当天我没有让孩子们继续排练，但面对这样的排练进程，我心里还是很担心，害怕这种进度赶不及在运动会前排练好。由于第一次的排练效果和预期的效果反差太大，我的心里也有很大的落差，无力感慢慢攀升。虽然想过寻求他人的帮助，但在这种尴尬的情况下，我还是羞于开口，担心打扰别人，也担心损坏自己在他人心目中的形象。无奈之下，我只能默默回去，自行上网搜索带领幼儿排练节目的方法、技巧。

三、获得帮助，拉近关系

第二次排练时，我没有继续教新的内容，而是一遍又一遍地让孩子们复习之前的动作。对于那些不认真的孩子，我不断点名提醒他们，期待他们可以认真地跟着我一起来，但是依然是收效甚微。眼见排练进度一直停滞不前，我的班主任建议继续教新动作，我接受了建议。我继续往下教了一小段动作，但是看着大部分孩子懵懂的眼神，我更无奈了，不禁开始怀疑自己的教学方法是不是有问题。我只能一遍遍地数着节奏，讲动作，还要抽空去提醒那些不认真的孩子，嗓子逐渐承受不住了，却也想不到更好的方法。这时，班主任主动拿来口哨并递给我，她建议我用口哨代替指令，这样既可以保护嗓子，又可以让孩子们集中注意力。结果确实如她所说，有了哨子，排练起来没有那么费劲了，节目排练慢慢进入正轨。排练结束后，我对于她给哨子表达了感谢，她也非常关心我的嗓子。顺着她关心的话语，我也开始慢慢打开最近排练感受的话匣子，与她的关系更亲近了，她也分享了以前排练节目的一些感受和方法，并安慰我说现在的排练进程是正常的，不要着急。听了她的分享后，我感觉踏实多了，原来遇到这种问题都是正常的。

有了哨子代替指令后，排练确实顺畅了许多。但是仍然存在许多问题，最突出的是孩子们会忘记动作，而且动作也并没有按照节奏做，因此看起来会很乱。我不断地与孩子们强调节奏，一遍遍加练，但还是没有任何改善，反而越来越多孩子的注意力被别的东西吸引了。这时，我的班主任过来说，这样光说节奏不合适，孩子听不明白，而且注意力也不集中，你可以直接放音乐带着他们跳。自从和她敞开心扉聊过之后，我对她说的一些排练小技巧非常认同，但是面对这个建议时我还是迟疑了。因为根据我的经验，我们成人学舞蹈都是先学动作和节奏再放音乐跟跳，我想孩子们的动作和节奏都还没有学会，能跟上音乐吗？我和她表达了我的想法，她并没有反驳我，反倒是建议我先放音乐看看。见她坚持，我也接受了她的建议，放音乐后，孩子们的注意力果然回到了我身上，愿意跟着我一起跳起来了，动作也慢慢随着音乐的节奏变得整齐起来，这次的排练效果超乎我的想象。我心里想：不愧是老教师，经验和方法确实比我多，而且效果非常好，让我不得不服。

四、主动求助，事半功倍

随着排练进程的推进，我又遇到了新的瓶颈，有个抱着篮球举上、前、左、右几个方向的动作。虽然动作简单，但是我在讲解动作时，小朋友们纷纷不在状态，我只能一遍一遍地加大音量，试图通过音量来吸引他们的注意力，但是并没有什么用。这时，我突然想起班主任可能会有好办法，于是我向她投去求助的目光。她接收到我的求助后，想了一下，立刻以一种和小朋友们玩游戏的口吻，说和小朋友们玩篮球闪躲的游戏。小朋友们纷纷投入进来，在热闹的游戏中，小朋友们很快就学会了相关动作。看完她的示范教学，我领悟到：我之前一直都用音量来吸引孩子们的注意力，没想过原来还能把动作变成游戏的方式来吸引他们的注意力。

距离运动会越来越近，篮球操的动作教学已经结束，但是动作还不够整齐，而且每次排练总会有一部分孩子的注意力不集中，我因此越来越急躁地点名提醒不配合的孩子们，可是他们的状态也越来越不好，陷入恶性循环。无奈之下，我再次向班主任求助，看看她有没有什么好办法。她说，"你试试用夸奖的方式呢，不要每次都点名提醒，试试点名表扬"。尝过前几次的甜头，我欣然接受了她的建议，当我看到不认真的孩子时，我都会压下我的情绪，然后表扬他们，给他们点赞。这个办法虽然不能让所有孩子都认真，但是确实比之前点名提醒的方法好用多了。孩子们受到表扬后，状态也越来越好，动作也越来越熟练了。

五、成果展示，获得肯定

经过这段时间的排练，孩子们的动作和节奏都有了很大进步，但随着表演的日子越来越近，我变得越来越紧张，成人在面对观众表演时都有可能紧张甚至忘记动作，更别提孩子了。况且孩子的注意力比较容易被其他东西吸引，运动会上还会邀请家长们观看，我害怕孩子们会被影响。我多次和孩子们强调在表演的时候要专注，还提了很多需要注意的问题，班主任或许是觉察到了我的担忧，安慰我说，不用紧张，要信任孩子，孩子可以做好的。

终于等到运动会表演，当天我和孩子们相互鼓励着，或许是运动会的氛围原因，孩子们的表演状态比以往任何一次的排练状态都要好。表演结束后，我松了一口气，耳旁全是观众的喝彩声，像是对我这段时间的努力表示肯定。运动会结束之后，家长们纷纷在群里表达了对整场运动会的感受，有不少家长还特意点赞了篮球操表演。第一次的带队排练节目得到了认同，我心中的忐忑慢慢被开心和成就感替代，我也深知此次的排练不仅仅是我个人的努力，还离不开班主任的建议。

经过这一次的排练事件，我真切感受到有良师指导的益处，它可以为我提供正确的方法，让我少走很多弯路。老教师给的建议往往是已经经过她的实践筛选过的最优方法，所以多倾听老教师的建议是非常有必要的。虽然刚开始我也羞于开口寻求帮助，但是经过这次的事件后，我越来越敢于主动去问了，不仅是问我的班主任，还有其他的老教师。慢慢地，我发现其实主动开口求助也没有那么难，而且大家都非常乐于解答你的疑惑。《礼记·学记》有云："独学而无友，则孤陋而寡闻。"得良师益友相伴，行事半而功绩倍。所以作为一名新手教师，一定不要羞于寻求帮助，要主动去问，放心大胆地提出自己的疑惑，相信你也会收获很多。

班主任关怀引导　助力新教师成长

深圳市南山区华侨城世界花园幼儿园　郑燕娟

德国著名哲学家雅斯贝斯说："教育的本质是一棵树摇动另一棵树，一朵云推动另一朵云，一个灵魂唤醒另一个灵魂。"直到我成为一名幼师，被身边的前辈吴老师影响时，才对这句话有了更加深刻的理解。原来，教育并不局限于发生在师生之间，因为教育的核心是人用自己的言行去滋养其他个体的灵魂。

在刚进园成为一名新手教师的时候，我对于职业的认知有限，往往更关注具体的教学活动，而缺乏对班级管理等方面进行斟酌思考的时间和经验。再加上新手教师要经历从受教育者到教育者的角色转变、从理论学习到实践运用、从学校到幼儿园的环境差异……这些很容易让新手教师陷入职业迷茫之中，让我感到不知所措。直到遇见了一位老教师吴老师，她一言一行间流露出的平易近人的态度和精妙绝伦的教育教学技巧让我受益匪浅，指引着我一步一步从新手教师走上专业成长之路。

一、进入教师角色，初建师生关系

对于新手教师而言，如何在孩子面前树立平等融洽而不失威严的角色，是职业生涯初期最有挑战的任务之一。此时，来自经验丰富的班主任的帮助就显得格外重要。刚到新班级，我努力适应新环境，但仍在和孩子们建立和谐师生关系上遇到不少挑战。比如，我经常在午睡之前提醒孩子们安静睡觉，但他们还是不停地玩耍、聊天，我对此感到很无奈。吴老师了解此事后，她决定和孩子们谈一谈关于午睡前吵闹的问题。在那次谈话中，我本以为吴老师会说："郑老师说的话也是我的话，你们欺负郑老师就是欺负我，你们以后谁不听郑老师的话，郑老师告诉我，我来批评他。"虽然有的班主任会用这句话当作尚方宝剑——想快速、直接地帮助新老师免于被孩子"欺负"，并帮新教师在班级里早日建立威信。但我并不希望这样的方法用在我身上，因为这会给孩子们带来我是弱势对象这一印象——同样是成年人，新教师却需要另外一位教师充当保护伞，才不会被小孩子"欺负"。所幸，吴老师说的是："郑老师在午睡前的时间仔细观察了小朋友。那我们现在请郑老师来说，今天午睡前谁的表现好？我们班小朋友在午睡前都有哪些要求？"听到这样温柔而不失力量的介绍，我悬着的心终于放下来，伴随着对吴老师的感激和欣赏。

在我和孩子初建关系这一关键而有挑战性的时刻，吴老师用巧妙的办法把我推到孩子们的面前，让我直接和孩子们面对面共同制定班级午睡前的班约。在她的协助下，我成功地和孩子们制定了午睡前的班约，也让孩子们意识到我是和他们站在平等位置上的"协商者"，凡事可以和我一起沟通、共同制定规则。用这样的方式，我开始在这个班级初步建立自己的威信，和孩子们建立平等融洽的关系。从那时起，我的新教师之路变得更加容易，孩子们也更加愿意倾听我这位新教师的话，愿意和我沟通协商。

二、深入教育现场，打磨教学行为

除了帮我和学生建立健康平等的关系，吴老师还言传身教地教我她多年积累的经验，尤其是各个教学环节的具体流程。比如，在组织晨谈活动的过程中，我有时会因为生疏紧张而中途卡壳或漏掉某些重要步骤。当我用眼神向吴老师求助时，她示意我先尝试独立完整地走一遍流程，然后她会在结尾做总结补充。在小结环节，吴老师向孩子提问："这样的行为会给我们带来什么影响呢？"而不是我猜想的"这种行为对不对？"我这才突然意识到：这不正是以前理论课上老师经常强调的——要多向孩子们提开放式问题，而不是封闭式问题。开放式问题可以鼓励被提问对象自由地表达自己的想法；对于封闭式问题，孩子们一般只需要回答是或否，缺乏充分表达的机会。

那次的活动让我感觉自己像是被什么东西击中了——原来书本上看似深奥抽象的理论可以在如此平凡的细节处落实到教学实践中。两种不同的提问方式背后，蕴含着不同的教育思路，也会对孩子的思考产生截然不同的影响。从那时起，我开始留心如何提问，避免使用无意义的封闭式问题，而更多地用开放式问题鼓励孩子给予尽可能多的反馈和分享，让他们享受到表达和思考的乐趣。吴老师的提问让我意识到，教育现场不是"对"与"错"的二元对立之所，而是需要悉心体察每一项做法可能给孩子带来的影响，并不断打磨自己的教学行为。

三、发挥教育智慧，正面管理班级

经验丰富的班主任用自身经验和教育智慧发挥示范作用，可以帮助我融合理论与实践，避免简单粗暴的责罚式管理，有效地解决教学实践中遇到的班级管理问题。我的班级中有两个形影不离的小女孩，坐在一起的时候总是不停聊天，有时会打扰到正常的教学活动。有一次，她们在集体活动中大声交谈，影响了其他孩子，我多次提醒她们，但没有任何成效。于是，我当着全班的面要求两个小女孩分开坐，一个坐在最左边，一个坐在最右边。两个小女孩都表现出了难为情的样子，坐在原先的座位一动不动。吴老师见状，对她们说道："其实郑老师是信任你们，想请你们帮个忙呢。小溪，你一直都很会收拾摆放书本，以后集合的时候，你可以负责把班级书箱里没摆好的书都收拾整齐；小怡，郑老师安排你坐在最右边，是因为老师知道你上课注意力很集中，能认真听老师讲，不会分心去玩旁边的积木，也能帮忙提醒别的小朋友上课的时候不去玩儿。你们能完成郑老师交代的任务吗？"两个小女孩一听，顿时笑了起来，然后欣然起身，去了一左一右的位置。从那以后，两个小女孩每天自然而然地坐到了最边上的两个座位。她们还会主动告诉其他孩子："这个位置是老师叫我在这儿整理书本的""这是老师叫我在这儿看积木的，不让大家上课分心。"

对比我和吴老师不同的说话方式，虽然传达的是同一种指令，但效果却截然不同。用积极的表达方式，孩子会更愿意听，也更乐意去做。如此一来，师生关系也会更加和谐融洽。从吴老师这里，我又学会了发挥教育智慧，在与孩子交流的时候，少一些责罚，多一些肯定和鼓励。

四、欣赏他人亮点，传递积极能量

我从吴老师身上学到的另一点是：要善于观察和发现每个孩子身上的闪光点。哪怕是再细微的亮点，吴老师都会毫不吝啬地表达出对孩子的赞美和欣赏，也因此和班上的孩子建立了"亦师亦友"的良好关系，孩子们经常会主动跑过去抱抱吴老师，与她一同分享自己的快乐。

我曾经感到很惊讶，吴老师是如何做到既能保持班级良好的秩序规则，又能与孩子们打成一片的呢？后来，我通过仔细观察，发现在吴老师的眼中，每个孩子都有可圈可点的优点，哪怕是那些表现平平、调皮捣蛋的孩子。因此，她很善于夸奖每个孩子，孩子们也通过吴老师的真诚表扬而受到很大的鼓舞，进而激励他们更加注意规范自己的言行，遵守班级公约。除此之外，在吴老师的影响下，其他教师也渐渐学会以欣赏的目光看待孩子们，促进了园所班级正向和谐的风气，为孩子们营造了良好的成长环境。

  吴老师不仅会欣赏班级里的孩子，也会用积极的目光对待周围的同事。她常说："在我的眼里，你们都是很优秀的老师，我需要向你们学习。"每当我做了一些看似微不足道的事情时，她都会及时具体、毫不吝啬地夸奖我："你真厉害，我要向你学习，有不懂的地方，你会及时在网上找到答案。"跟她一起工作久了，得到吴老师的夸奖和认同的小细节越来越多，也让我在工作中获得越来越多的自信。在吴老师的带领下，我慢慢熟悉工作流程，也对学前教育的实践应用有了更多的体悟和成长。

  吴老师恪尽职守，极尽所能地帮助孩子和同事后辈的成长，为我树立了职业榜样。自从和吴老师搭班以来，她的言传身教，让我能够顺利建立师生关系，逐渐熟悉教学现场，并一步一步引导着我在专业上不断成长。吴老师在对待工作、对待孩子、对待同事的态度都深刻地影响着我，让我也变得越来越积极、友善、自信、包容，她的引导给了新手教师莫大的实际帮助和心理支持，让我终身受益。

听，花开的声音

深圳市南山区沙河侨城豪苑幼儿园　廖青霞

"我长大了要当老师。"

"我长大了要当消防员。"

"我要当医生，救很多的病人……"

孩子们即将毕业，正在叽叽喳喳地谈论着自己的梦想。

"老师，你有梦想吗？"桐桐好奇地问。

"老师当然也有梦想啊……"

往昔时光涌上心头，碎片化的记忆在这一刻凝聚、放大。岁月在人来人往中和我挥挥手，并告诉我，这一程已是14年。回顾这些年的教育故事，我用满腔的爱和真心，奔赴一场场的花事，聆听花开的声音。

一、教育花开　梦启儿时

成为一名教师，是我儿时的梦想，如果你现在问我："为什么想当老师呢？"直至今日，我仍不懂心中的那份悸动源自何处，也许是小学老师的那句"你真的很适合当老师"，也许是父母从小对我能够踏入教师岗位的期许。依稀记得小时候，我会偷偷穿上妈妈的高跟鞋，学着老师走路的样子，模仿着老师讲课的语调自言自语。院子里的一面墙，前面摆上小桌子，这里就成了我童年时代的"三尺讲台"。隔壁爷爷总是喜欢隔着墙头笑着说："廖老师，又开课了！"他也自然而然地成了我的第一个"学生"。而儿时那小小的"教师梦"就像一粒种子，在小小的我的内心深处种下，在漫长的岁月里驶过了一岁又一岁。

廖家有女初长成。毕业后，我如愿成为一名人民教师，是持证上岗的廖老师了。只不过叫我老师的不再是隔壁爷爷，而是可爱的孩子们。

从此，我和学前教育便开始了"剪不断、理还乱"的情缘。

二、初出茅庐　拾花时光

"得天下英才而教育之"是孟子所云人生三乐之一，大抵为人师者都有这样一个美好而奢侈的愿望，我也不例外。我也曾无比期待自己接手的第一批萌娃能在自己"传道、授业、解惑"中成为璀璨的未来之星。然而，这种期待在职业生涯的第一个月，就被现实消磨了许多。但花有芬芳自在香，每当看到在我们点滴浇灌下如花儿般茁壮成长的孩子，我的成就感和满足感也在日益增长。

在入职的第四周，由于班级的主班老师怀孕需要静养一周，所以我便顺理成章成了代理班主任，心里想着终于可以"大展拳脚"了，却被现实狠狠教训了一番。我接手的班级是新生班级，孩子们虽已经开学一个月了，但还没有完全适应幼儿园的生活，再加上我的经验不足，和孩子们也不够熟悉，所以遇到了很多实践上的问题。例如，早上入园时，孩子哭着缠着自己的家人，舍不得让他们离开，我亲切地想去抱他，他却拼命地逃离我的怀抱；区域活动时，孩子会毫无征兆地把大便解在裤子上，臭气弥漫整间教室；午饭时间，孩子把饭菜沾满衣裤、桌底的缝隙，甚至连脚上都是黏黏糊糊的，以及午睡起床后，四面八方传来此起彼伏求助老师的呼唤声……面对这些情景，我手忙脚乱，失落感如迷茫的晨雾，渐渐笼罩着我的心。我不禁感叹：梦想与现实的距离为什么如此遥远？之前对教育的憧憬、期待和希望，现在就如同一个个梦幻泡影，已渐渐被"风吹雨打去"。

就这样，半个学期在忙忙碌碌中过去了，孩子们也与我渐渐熟悉。一天上午，户外活动结束后，由于长时间说话，我的扁桃体发炎而导致"失声"了，完全说不出话来，所以，我便安排孩子们在区域自主游戏。可能感受到我的疲惫，孩子们异常安静，我也借机休息片刻。正当我蹲在地上整理孩子们的作品时，突然感觉到有只小手碰了碰我。我本来以为又是来告状的，就没有理会。没想到孩子的一双小手小心翼翼地递到我的面前，慢慢地打开，说："青青老师，送你一朵小红花。"原来是一朵用毛线拧成的"小花"。孩子以为我生气了，打开的小手停在半空，看着她那有丝慌张的小脸，我哽咽着用嘴型跟她说了声"谢谢"。我们相视一笑，或许是得到了我的默许，她把小红花别在了我的头发上，开心地说着："青青老师，真好看！"让我更加感动的是，坐在位置上看到这一幕的孩子们也陆陆续续走到我面前，把自己亲手做的小兔、棒棒糖、荷包蛋、小手链……通通塞在我手里，连平时不爱讲话的小女孩也跑过来跟我说："青青老师，我喜欢你。"

正是这一群稚嫩的孩子，给了我莫大的动力，让我重新捡起心中之前由于琐碎工作而掉落的"小红花"。那无数个想要放弃的理由，此刻在他们的笑容和关心下荡然无存。

这一年，我扎下了根，成了一名用心贴近孩子的老师。

三、坚守沃土　花开有声

岁月飞逝，我也一路跌跌撞撞，从不知所措的教坛新兵到不断摸索、学习的青年班主任。教书、育人，合二为一便为"教育"，这是为人师者的责任，也是我从教以来的初心。我相信，每个孩子都是一朵花的种子，没有一粒种子，一开始便是花，教育是慢事业，慢下来，去听每一朵花开的声音。

在2017年那个盛夏，我班级里来了一个很特别的孩子，她刚来到班级时既胆小又爱哭，只会说"妈妈"和"不要"，在生活上几乎更是无法自理。她奶奶把她交付给我的时候，抓着我的双手说："廖老师，琪琪这孩子的爸爸妈妈工作很忙，没有太多时间陪她，孩子太胆小和内向了，老师，拜托您啦！"我抬眼一看，奶奶的眼睛都是湿润的。一声拜托，一份使命。于是，我便成为琪琪在幼儿园中的"妈妈"，"不要"成为我了解她的钥匙。在与琪琪相处的时光里，我每天都会主动抱抱她，和她说话，让她消除陌生感，感受到幼儿园的亲切与温暖。一开始，她并不理解，总是用一副惶恐的眼神看着我，小小的眼睛饱含着泪光，但是我并没有放弃，因为我深信：爱与真诚永远是教育里必不可少的良药。我会每天把"这是你的书包柜""我们要去擦擦手""渴了要去喝水"这样简单明了的语言不厌其烦地对她一遍又一遍重复；又哭又闹时，我会温柔地开导她；不吃饭菜挑食时，我会坐在她身边，一边鼓励，一边喂她……同时，我也积极与琪琪的爸爸妈妈联系，建立了"家庭朋友圈"，希望通过沟通以增加亲子陪伴。慢慢地，琪琪变得开朗了许多，渐渐地也拥有了很多朋友，而实现这样翻天覆地的变化，我们整整用了三年。三年之后的毕业典礼，曾经胆小连话都不敢说的琪琪站在毕业典礼的舞台上，她和她的妈妈一起朗诵着自己写的诗，引得全场泪流满面。那一刻，我欣喜地发现：那粒用时间和爱培育的种子，正慢慢成长着。典礼后，琪琪奶奶再次满含热泪地找到我，牵着我的手感激地说："老师，谢谢你！感谢你不放弃每一个孩子，让孩子在幼儿园也感受到家庭一样的温暖。"那一刻，我庆幸我始终坚守初心，不负所托。

在与孩子共成长的路上，与其说是我用爱在努力实现自己的梦想，不如说是我的孩子们一点点地帮我践行着那个不忘初心、坚定不移的教师梦。

那一年，我成了与孩子一起成长的老师。

四、前行不辍 共研花开

2020年，是我教师生涯的一个转折点——我担任了年级组长。这不仅是一个岗位，更是一份沉甸甸的责任。如何因时制宜、将前期的教师资源"盘活"，成了摆在我面前的一道难题。经过一番思考，我将前期线下"教授活动"逐渐转为后期的"在线研讨"，带领年级组教师们及时转变教研思路。在注重老教师引领的同时，又注重发挥年轻教师的能动性。在园领导的工作指导下，我带领年级组教师开展了数十次的线下研讨活动，开展了家长会、亲子活动、周三畅聊日，我们一边做好教学体系改制工作，一边保证孩子生活学习的常态化。

我们积极投入区、园课题研究，将所学到的知识和经验融入教学实践中，让孩子受益匪浅。例如，每学期举行集体"茶话会"，为教师们提供倾诉的窗口；鼓励擅长不同领域的教师联合开展研讨活动，促进五大领域之间的融合与交流；鼓励教师参与教育科研项目的申报和开展，促进学校教育教学的创新与发展……我带领的团队也得到了园领导的认可，荣获了"年度最佳团队"的荣誉，这是对我们团队努力的最高肯定。在这个荣誉的背后，是团队每一位成员不懈的努力和奉献，是我们齐心协力、共同成长的结果。

回顾过去，我深感年级组长的责任与使命之重，这期间，我鼓励年轻教师勇敢尝试，像花苞般蓄势待发；对于资深教师，我尊重他们的经验和智慧，让他们醇厚的芬芳更加动人。

三年时光里，数不清的晨曦暮霭，我和教师们闯过了一道又一道关，前行不辍，共研花开。

五、结语

三程磨炼，一朝花开。行走在爱育协同的路上，我脚步轻盈，满心憧憬，唯恐惊扰了那些稚嫩而可爱的梦，唯恐辜负了那颗育人之路上行行复行行的心。我的教育故事不长，不是最精彩的，亦不是最动人的。可是它真实丰富，更为重要的是，它将不断书写新的篇章，不断一路生花。

随遇平衡

深圳市龙岗区坂田街道雅园幼儿园　王梦婷

在物体的平衡状态中有一种平衡叫"随遇平衡"，在这种状态下的物体受到轻微扰动后仍可处于平衡状态，这也许就是我一直在追求的工作与生活的"平衡"。

2019年冬天的一个早晨，我的女儿出生了，一双充满好奇的小眼睛紧紧盯着我，在这一瞬间我突然意识到了什么是"责任"。在孩子刚出生的几天里，我经历了身体疼痛、睡眠不足以及心情焦虑等一系列的问题，但因为这份责任，我只能强忍疼痛，快速学习了很多育儿知识，也会时刻盯紧孩子，生怕她有一点点闪失。这份沉甸甸的责任，让我感到幸福的同时，也常常会产生身心疲惫的感觉。

孩子出生后，我的内心似乎变得更柔软了。比如，在路上行走，会下意识觉得看到的每一个小朋友都是那么的单纯美好；开车时，如果路上有小朋友，我会不自觉地停下来，让小朋友先走过去，如果是晚上，我还会马上关掉车灯，生怕晃了他们的眼睛，就连我产后重返工作，再次接触到幼儿园的小朋友时，都会觉得他们变得更加可爱了。有了宝宝以后，我仿佛变得更加平和包容，看到了孩子们更多的可能性，更加相信生命向上生长的力量，也更能站在孩子和家长的视角思考问题。比如，家长接孩子迟到、家长坚持送生病的孩子来上学……以前让我觉得百思不得其解的事情，现在逐渐能够深有同感，共情体会到家长的身不由己。

重返岗位后，班上的小宏（化名）吸引了我的注意力。我很少见到他的家人，每天第一个来班上的是他，最后一个被晚托班老师接走的也是他。还记得小班的时候，小宏是一个乖巧的小男孩，说话温和，腼腆害羞，很热心帮助他人。但上了中班以后，他突然变得非常调皮，经常跟老师唱反调，上课或做活动时总是影响身边的小朋友。我感到很困惑，为什么一个孩子在短短的时间里会有如此大的变化？询问班上的另外两位老师，老师告诉我，原来是跟小宏朝夕相处的奶奶回老家了，爸爸经常出差，妈妈的工作又离家比较远、通勤时间长，再加上工作繁忙，每天都要很晚才能到家。以前是奶奶一直照顾他，接送他上下学，奶奶回老家后，妈妈就把小宏送去晚托班，每天下班后才去接他，回家洗澡完就到了睡觉时间了，几乎没有亲子陪伴时间。我才意识到，家庭环境的变化对小宏产生了直接影响，而这都反映在了他的性格和行为变化上。曾经，小宏可以在每天放学后，开开心心地跟奶奶一起回家，可以去小公园跟好朋友玩，晚饭也都是他爱吃的食物。而现在，小宏只能在放学后留在学校，看着小朋友们一个一个被爷爷奶奶或者爸爸妈妈接走，而自己只能等到晚托班的老师来接，去到晚托班也只能吃固定的饭菜，心里一定很不是滋味。

有一次，小宏在幼儿园发烧了，非常难受地一直趴在桌子上，我问小宏："你冷不冷呀，用不用多穿一件衣服？"他说："好冷，老师我好难受！"我给他拿了一件长袖穿上，并带着他去保健室量体温，已经烧到38.6℃，马上打电话通知他的妈妈，他的妈妈说马上从单位赶过来。时间一分一秒地过去，小宏也越来越难受，我看着他小小的身躯趴在沙发的扶手上，平时那个调皮好动、爱唱反调的孩子，此时显得非常脆弱，我的心里瞬间感觉非常难受，希望他的妈妈可以很快赶到。但是，等到所有小朋友都放学走后，又过了半个多小时，小宏的妈妈才急匆匆地赶到。见到妈妈后，小宏一下子释放出了情绪，哇哇地大哭起来，所有的难受和委屈都化作眼泪。他的妈妈立刻抱起小宏，小跑着去了附近的医院。

第二天一早，我接到小宏妈妈的电话，说小宏昨晚吐了以后就没有再发烧了，状态也很好，在家活蹦乱跳的，问我能不能送他过来上学。我跟小宏的妈妈说，根据幼儿园相关规定，生病的孩子需要在家休息几天才能再返回幼儿园。但小宏的妈妈告诉我，她还有很多工作上的事情需要处理，家里又没人照顾孩子，能否通融一下。我表示理解，但无奈地告诉她，老师也需要为其他孩子的健康着想。听着小宏妈妈低落的语气，我突然意识到，这应该是大部分职场妈妈都会面临的问题：多花一些时间在孩子身上，就必然需要放慢一些工作进度，一边是家庭，一边是工作，我们如何才能做到平衡？

回想自己，在兼顾工作和生活的状态下，一开始我感到了巨大的压力：每天晚上总要起来好几次喂夜奶、哄孩子睡觉，孩子只要有一点点动静我就会马上醒来，睡眠质量变得非常差，睡眠不足导致我很容易感到焦虑不安，第二天早晨还要再拖着疲惫的身躯早早起来上班，持续的长时间工作和烦琐的事务让我吃不消，很难像其他老师一样应对自如，且常常在工作时担心家人无法好好照顾孩子。这样重复的日子看起来风平浪静，但直到有一次，我跟丈夫一起在外面吃饭，才发现自己隐藏已久的情绪问题。那次我们一起去的是我曾经非常喜欢的一家火锅店，但我却没有心情细细品尝，只觉得这顿饭吃起来是那么无味，我吃着吃着，突然控制不住地流泪，一直压抑着的情绪终于释放出来。从那天起，我意识到不能再这样下去，否则会出现更严重的问题。于是，接下来的时间我开始花更多时间关注自己，挤出时间看了一些书、给自己报了瑜伽课，也咨询了学心理学的朋友……书中的一些话启发了我，在《非暴力沟通》这本书中有一个案例，一位女士抱怨："我讨厌做饭！我早就受够了！但二十年来，每天我都不得不做饭……因为这是不得不做的事情。"后来在参加学习之后，她告诉家人，她不想再做饭了。大儿子感叹说："她终于可以不在吃饭的时候发牢骚了。"原来妈妈不做饭这件事对孩子身体健康的积极影响远远小于在吃饭的时候发牢骚对孩子心理产生的负面影响。回过头看看自己这段时间的状态，低落的心情、讲话的语气、对待生活的态度，哪一项不影响着孩子呢？也许做个快乐的妈妈比事无巨细地操持一切更加重要，所以我决定"放手"，放手孩子，让孩子自己承担责任；放手孩子的抚育责任，给爸爸或家人成长的空间；放手自己，给自己多一些充电时间。就这样，我在抚养孩子和自我成长中找到了平衡点。我相信"言传"和"身教"一样重要，我现在所做的每一个决定都有可能影响孩子，所以我决定用更积极的态度面对眼前的挑战，也相信自己可以做得越来越好，希望能把积极的力量传递给我的孩子，同时把积极的力量传递给班级的小朋友。毕竟，做一个快乐的老师也同样重要。

这段时间起起伏伏的心情和高强度的工作与生活，我始终不断地进行自我调节，现在，我发现自己的抗压能力比以前增强了许多，工作和生活之间的转换也变得更加游刃有余。在电影里看到一句话："如果有两条路，一条容易的，一条难走的，请你毫不犹豫选择难走的，竭尽全力不留下遗憾。"当全职妈妈这条路也许相对比较容易，但意味着我的世界有可能变小，这时候放弃的不只是工作，还有人际关系、社会资源和与时代沟通的能力……孩子终有一天会长大，当她不再那么需要我的时候，我又该怎么办？坚持工作、生活两边开展现在看来是比较困难，这需要承受更多心理和身体上的压力，但必定会磨炼出一个更加平和、自信、强大的自我。

探寻生命的美好，凝聚教育的力量

深圳市龙华区未来小学附属里程幼儿园　彭美娜

作家毕淑敏说过："凡是自然的东西都是缓慢的，太阳一点点升起，一点点落下，花一朵朵开，一瓣瓣地落下，稻谷成熟，都慢得很。那些急骤发生的自然变化，多是灾难，如火山喷发、飓风和暴雨。一个孩子要长大是很慢的，一个人睡觉也是很慢的，从日落到日出，人才能休息过来。"这样的感觉像极了幼儿教育，也像极了我成为幼儿教师、成为自己的过程。很幸运，我能在学前教育的道路上坚持十多年，陪伴孩子的成长，也不断遇见更好的自己。

一、向善之念，向真而行

故事1：童年的时光——探寻生命的力量

时光定格于不起眼的事物之中，一件玩具、一首歌曲、一条小路，当初没有刻意倾注的童年回忆，却在往后偶然触碰相关线索时顷刻迸发。

童年时光激发了我对生命的热爱。我的童年，有爬藤玫瑰花的香气，有嫩芽冲破泥土的怒放，有奶奶讲述的动人故事，这些让懵懂的我初次感受到来自生命的神奇与力量，也让我体会到生命的美好与质朴。

童年时光让我感受到生命的珍贵。小学五年级时，一个夏日的午后，我想赶走吃稻谷的小鸟，却无意伤害了它，那时的我，整整哭了一天，愧疚感充斥着我整个心房，我小心翼翼地把它的羽毛保存起来。开始懂事的自己，又一次明白了世界上每个生命都有它存在的意义。我们更应该相互依存，生命只有一次，对待任何生命，我们都需要尊重与珍爱。

莎士比亚说："我的感情像大海一样浩渺。"童年，便是这浩渺的源头。童年的经历早已融入我的行为、品格和气质，那些隐约的童年的影子，在生命里的某一刻，便会偶然重现。童年，是我生命最神奇的部分，具有深入骨髓的精神力量。

二、自省之力，知行合一

故事2：实践的省思——凝聚自己的力量

"早上一醒来，妈妈就给我打电话，边接电话心里边想：这是寄伙食费给我了吗？在学校两个月的伙食费用完了，心里有点儿过意不去，下个月自己一定要再节省一点儿。"这段话摘自我2009年3月29日的日记，再次翻开，勾起了我选择幼师专业的初心。那时，父亲替我填报了会计专业，但在那不肯屈服的年纪，出于自己的理想与追求，我毅然改变了专业——幼师！这是我从事幼教行业的起点。

进入校园后，我深深地热爱学前教育专业。我喜爱唱歌、跳舞、画画，参加学校组织的各种活动。直到2010年6月，我到一个新开的园所实习，开学前的一晚，与园长开完会后我倍感压力，既失眠又焦虑，怕自己会遗漏哪个环节。清晨5点，我到班级独自忙碌，整理杂物、洗毛巾、放杯子、擦桌子、拖地、洗厕所……烦琐且重复的保育工作，让当时的我身心疲惫。但一年后成为班主任时，我才感恩在实习期间经历的配班与保育老师的双重身份。古语有云："天将降大任于斯人也，必先苦其心志，劳其筋骨，饿其体肤"，这让我懂得每段经历都是历练。

2011年8月，带着青春和热血，我来到宝安区的一所幼儿园，一路走来，有太多的幸福与辛酸。曾记得一个男孩耘耘，在小班刚入学时，连续两个星期每天午睡前哭着找妈妈，不睡觉。跟家长连续几周进行放学后沟通，发现是孩子在睡觉前需要握着妈妈的大拇指才能睡着。我开始每天陪他聊天，了解他的内心世界，也让他摸着我的手指抱着他睡。经过一段时间，耘耘妈妈跟我说："娜娜老师，你在幼儿园里很疼他。昨天回来后他跟我说：'妈妈，我现在有两个妈妈了，一个是大妈妈就是你，一个是我在幼儿园的小妈妈娜娜老师。'"这样的亲近让我心里产生满满的成就感，耘耘毕业时，他妈妈发来一段很长的文字，虽然过去了十几年印象依旧深刻："娜娜老师，谢谢你的陪伴让他成长，感谢一路上对我家孩子的付出！你是我孩子的老师，亦是家长的老师！"这句话深深地印在我的脑海里，很感谢我人生中遇到的每一个孩子和家长，因为我们是一起成长的相伴者、扶持者！这也让我懂得，教师是实现双方关系质量增值的主要力量。

自从成为幼师以来，我们每天与家长打交道，了解到他们的良苦用心，也更加深刻地感受到自己的使命。我曾羡慕批改作业的"答案之手"，听说过危难之际的"生命之手"，看见过以粉笔绘人生的"点灯之手"……而现在，我也拥有了这样一双手，是孩子们第一次离开家、迈出人生第一步的"接力之手"。希望我的双手有足够的力量与温度，担得起生命的重量和托得起成长的使命。我们需要用爱心、耐心和专业去教育孩子、支持家长，只有这样才能建立和谐的家园关系，才能助力孩子的发展与成长，也才能让我们教师的专业之路更加坚实温暖。

三、深耕学前，砥砺前行——找到自己的力量

故事3：实践省思——在幼教发挥自己的力量

我不是一个善于言辞的老师，性格当中还有些自卑感，这也许源自小时候在被否定中成长的经历。这些经历影响我至今，使得我在面对自身不足时感受到强烈的愧疚和自卑，这给我带来很大的压力。然而，我要特别感谢那位让我找到自己力量的人——鲍园长，她就像一座灯塔，照亮了我在学前教育领域航行的方向，引领着我用更专业的教育观、儿童观滋养每个孩子。

2021年，我来到新的民转公幼儿园，遇到我的鲍园长。新的环境，新的岗位，领导委以重任，让我担任中班年级的组

长。第一个月的工作，在我自己都还未能适应新环境的时候，还需要带着一群老师开展年级工作。同时，我接手了一个换了三个老师的班级，班级工作中也有着无休止的家长工作、日常与环创。

在这样的状态下，10月，我终于在鲍园长面前表达了调岗的请求，她让我说说理由。我记得我当时的回答："我还要提升自己的能力，园里很多老师都非常优秀，很多地方比我做得更好。"鲍园长跟我强调："每个人都有缺点，谁也不能把每件事做得很好，你要相信自己，你已经是位很优秀的老师了。"在她的鼓励和肯定中，我发现我自信了很多。在2021年，幼儿园组织开展了一次对外的室内环境开放活动，迎来了将近100人的参观，我主动承担了室内环境班级整改的分享任务，从胆怯、自卑到从容、自信地站在讲台上侃侃而谈。当迎来大家肯定的目光和热烈的掌声时，我暗自告诉自己，这一次你又战胜自己了，我想这就是"被看见""被信任"的力量。

受益于这种力量，我也将这种力量投射到我的教育实践中。在一次户外体能活动时间，孩子们都陆续热身完后，进行跳绳练习，浩浩小朋友因为多次练习也不会跳而发起了脾气，在一旁哭。我走到孩子的面前蹲下来说："老师小时候也不会跳绳哦。"这时他睁着大大的眼睛看着我说："真的吗？"我立刻回应道："当然啦，每个人都是要经历从不会到会的一个过程，没有人一下就能学会的呀，我来把我学会跳绳的秘诀告诉你，我们再多加练习后，你会跳得比老师还好呢。"这时他主动牵着我的手，走到空地，开始认真地练习，我在一旁提醒他调整手拿绳的动作和脚的跳跃节奏，每跳过一个时，及时给他鼓励，经过两个星期的练习，他终于学会了。在运动会上，他在同伴面前自信地展示着自己，并用发着光的眼神看了我，我也以点头微笑回应了孩子。这种正面的力量不仅给了孩子更多的鼓励和肯定，也让我更加坚信教育的价值。

回忆我成为教师至今，平淡但温暖地与孩子们相处的经历。尽管在某个时刻也曾动摇，想要退却。但是，更多的是想起我和孩子间发生的温暖故事，他们冬天伸出稚嫩双手说："老师我给你暖手。"夏天拿着杯子说："老师你要多喝水。"……每一个瞬间给予了我继续走下去的无穷勇气与力量。当我们学会看见、倾听和理解孩子时，我们就能看见他们眼中的真诚、信任和依赖，这就是孩子带给我的理解和心灵养分。

教育是一场温柔的坚持，做自然而有温度的教育，是我不变的信仰与追求。叶澜老师曾说："教育魅力恐怕不仅仅限于教师已形成的人格与学术，还有一个很重要的方面，教师应是不断追求自己生命的发展和完善的人，在帮助别人完善的同时不断发展和完善自己。"在幼教这条道路上，我将继续砥砺深耕，做一名有专业能力、有教育情怀的幼教人。

无惧风雨，从容前行

深圳市南山区华侨城世界花园幼儿园　谢成雁

作为一名新手教师，我已踏入幼教行业近两年。从教生涯虽短，但酸甜苦辣，一应俱全。还记得最初走出大学校门，踏入幼儿园的那一刻，我是满怀憧憬的，我小心翼翼地捧着一颗教育的种子，期望它能在幼教这片土地生根、发芽、壮大。然而，现实与理想之间总是存在着差距，就像一颗小小的种子，需要经历数次风雨才能茁壮成长。这些"风雨"是挫折，也是生长的机遇，是我教育旅程中的关键事件，它们一步一步将我塑造成为更坚韧、更有智慧的教师。

一、新手上路，荆棘满途

在初次担任小班教师时，我每天都打起十二分精神照看这群和我一样"初入幼儿园"的孩子们。然而，刚开学不久，我们班却发生了一起安全事故。在一次集体活动中，潼潼突然离开座位冲向讲台，不幸摔倒在地，我有点着急地跑过去，刚想提醒她不能随意离开座位，就看见一道鲜血从她的下巴流了下来，主班老师见状急忙叫我带潼潼去医务室。潼潼哇哇大哭，我心疼潼潼的同时也开始慌张起来，直到医生说要通知家长带孩子去医院缝针的时候，我才意识到事情的严重性。主班老师着手联系家长，我看着班上其他孩子的时候，仿佛还能看见洗干净的手上满是孩子的鲜血，一整个下午我都心乱如麻。

孩子们离园后，我们班的老师坐下来商量着要去潼潼家探望，我又开始胡思乱想，会不会遭到家长的责骂呢？听说潼潼爸爸来园时是面无表情、沉默不语的……我们在忐忑不安中结束了探望，潼潼的家长并没有为难我们，但内疚感却在我心中挥之不去，一夜难眠。

潼潼受伤后的第二天，户外活动时看见孩子们开心玩耍的情景，我忐忑不安的心稍微舒展了一点，但很快，又一阵哭声将我拉回现实，是小汤圆摔倒了，她的后脑勺正好磕到了阶梯上！我抱起小汤圆，手上却是黏糊糊的触感，我从小汤圆粘黏的头发间看到了血，我慌了神，腿也软了。将事情告诉旁边的老师后，我抱着小汤圆冲到医务室。医生处理着小汤圆头上的伤口，小汤圆却大声哭喊着只要我抱，我抱着她，看着她衣服上染到的血，泪水很快模糊了我的视线……当小汤圆的家长来幼儿园接她去医院缝针时，我羞愧得不敢直面家长。在这一天，我哭了三次，一次是在医务室，一次是在教室，一次是在小汤圆的家。接踵而至的两次"缝针事件"，犹如连绵的狂风暴雨，将我打得疲惫不堪。

二、茫然失措，困顿难行

随着时间的推移，事情似乎结束了，但孩子号啕的哭声、家长急切的询问声、同事关怀的目光一直在我的脑海里挥之不去。没有人指责我，可内疚却在我的心头积聚，像一根紧绷着的弦。自这以后，我变得茫然失措，许多疑惑堆积在我的脑海里，为什么我尽心尽力，还是发生了那么多事情？我是否适合这个行业？我该如何走下去？

时间在无情地流逝，每一个明天都会准时到来，全然不顾我是否准备好出发。往后的日子里，我每天都战战兢兢地过着，生怕孩子们离开我的视线就会发生危险。在一次考核中，孩子们进到区域自主玩耍，我习惯性地在教室里来回走动，如同一个巡逻的士兵，时刻留意着每一个孩子。在考核后，一位资深老师对我说："你不停地走来走去，不利于教学，孩子们也会被你打扰，变得焦躁不安的。"一语惊醒梦中人，我突然意识到自己的神经或许绷得太紧了，当心里只有"怕出错"，我的眼里好像已经看不见真实的孩子们，一张张笑脸被模糊成了一个个"问题"和"隐患"。我停下脚步，看着孩子们在自己的世界里快乐地玩耍。是啊，学前教育本应是爱与相信的事业，而非在整日紧张与担忧的洪流中迷失了方向，从而错过孩子们珍贵的成长瞬间。

三、无惧风雨，从容前行

潜心阅读，寻找前行的力量。迷茫时，我想到了阅读，在教学之余，我到幼儿园的教研室里寻找适合自己的专业书籍。这些书籍就像是一位位智者，在我需要指引和启迪时为我解惑。从书中我学到了如何更好地与孩子们沟通，如何理解他们的情感和需求，以及如何从环境、材料和教学方法等多方面入手进行安全教育。书籍不仅让我学到了新知识，更让我在困难时获得了心灵的慰藉和力量。偶然间，我翻开应彩云老师的教育随笔，在那本《云淡风清》中，我积累了直面风雨的勇气与力量。在应老师的文字里，我看到她漫长的从教生涯并非一片坦途，她带着对学前教育的热爱，迈过了一个又一个坎坷，当她再回首时，轻舟已过万重山。看完应老师的书，再回头看看自己所经历的两次"缝针事件"，那时的"狂风暴雨"似乎也变成了回忆中的一场"淅沥小雨"，那时想要退缩的人，现在已经拥有了继续前行的力量。

寻求帮助，向资深教师取经。当我决定做出改变，不再作茧自缚后，我主动向一位富有教学经验的老师吐露了心声，她帮我分析事情的始末，让我不必过于自责。老师还分享了她"惊心动魄"的从教故事以及心路历程。她说，每个人都有自己的"暴风雨"，当你对自己的要求是完美、对前方的期待是坦途，反而会放大路上的每一个细小坎坷，而忽视沿途的风景和成长。老师还向我分享，其实我正在经历的挑战并不是个例，而是许多新手教师的必经之路，也正因如此，有许多前辈的经验和方法可以参考。原来，向他人求助并不是软弱或自曝其短，而是给自己一个机会，去遇见同行的人。

懂得反思，在逆境中汲取经验。在书籍的帮助和老师的建议下，我意识到孩子的安全教育"堵不如疏"，不仅需要悉心照顾，更需要未雨绸缪的安全教育，让孩子们拥有自我保护的意识和能力。于是，我与孩子们一起寻找幼儿园容易发生危险的地方，探讨保护自己的办法。在户外活动时间，我们加强孩子们的体能锻炼，提高他们的自我保护能力。我开始学会放松自己的神经，学会信任孩子们的能力和判断，而不是不断地插手和指导。我明白了，孩子们也需要自主探索和学习，而我作为教育者，应该为他们提供一个安全、鼓励、有爱心的环境，让他们自由发展。在从教的路上难免会有困境，如今我会静下心来，问问自己，我是否过于苛求自己？我是否给了孩子们足够的信任和空间？我是否需要调整自己的教学方式？这种内心的反思不仅常常帮我找到解决问题的办法，也让我更加理解自己，学会接受自己的失败和不完美。

将近两年的从教生活有苦更有甜，困难不会减少，但人会成长。在两次"缝针事件"中，我从最初的迷茫失措到最后的从容前行，这个历程并不是跨过了一个鸿沟，而是走过了一条陡峭而曲折的路，每一次前进的步伐都充满了艰辛。对话书籍、求助他人、反思自我、相信孩子……使我明白了教育不是一个人的挣扎，而是生命之间相互的滋养，教育过程中的挑战并非我能力的缺陷，而是成长的机遇。前路虽漫漫，风雨可能交加，但未来的我，就像风雨中的那株小草，从不因担心暴风雨的来临而每日战战兢兢，而是成为变化之中一种柔韧的力量，静静地享受阳光的滋润，也从容接纳风雨的洗礼。

中 篇

砥志研思，教学相长

——走向专业之路

看见与被看见

深圳市龙华区鹭湖外国语小学附属懿花园幼儿园　　李海珊

转眼间，加入幼儿教师的队伍已经一年半了。在这一年半的时间里，我经历了环境和身份的变化，从一座城市到另一座城市，从师之生转变为生之师，也在工作和生活的沉浮中，塑造自我。从懵懂到笃定，一路走来，我与孩子共成长，这是一个看见与被看见的故事，而这样的转变对我而言包含了四个重要的阶段：尊重孩子、倾听理解、师幼成长和不忘初心。

一、蹲下说话只是尊重的开始

还记得在大学读书的时候，学前教育的教材上常常说我们要尊重孩子，而蹲下来和孩子对话就是尊重孩子的一种表现。然而，只有真正成为一名老师以后，我才在实践中对这句话有了更加深刻的理解。在一次晨谈活动的时候，我邀请了一个孩子上台当小老师。孩子上台后，我站着询问她："你想要给小朋友教什么呢？"她没有回答，只是默默看着我，抬头仰视我的眼神里夹杂着一丝困惑和畏惧。那一刻我突然意识到，即使我的声音很温和，即使我弯着腰，我仍然是在俯视她，这种物理高度上的差距使我们之间拉开了心理距离，让她产生了害怕和紧张的情绪。于是我蹲下来，希望通过物理高度的拉近让孩子放松下来，而我也在蹲下来的时候看到了她眼神的转变——她变得更加平和松弛了。

就在这一刻，我才意识到，知行合一、在实践中落实理论知识并不是一件易事，"纸上得来终觉浅，绝知此事要躬行"。蹲下来看似只是一个微小简单的动作，但是若要把这个动作及背后的教育观真正融进教育实践和下意识里，还需要更多的努力和练习。当我蹲下来跟孩子说话的时候，我把自己和他们放在了同一物理高度，也和他们站在平等的心理位置，这让孩子们觉得放松、平等和被尊重。以前站着俯视孩子的时候，看到的更多是他们的头顶，但蹲下来这个动作让我更加清晰地看到了他们的面部表情和隐藏的想法、情绪，他们也把我看成了平等的伙伴，而不是高高在上的"权威"，也会因此获得更多的安全感和信任感。蹲下来，是了解的开始，是尊重的开始；蹲下来，才能看见孩子，才有对话的可能。

二、用倾听理解打开孩子的心扉

蹲下来虽然拉近了我和孩子之间的距离，但这只是持续短暂几秒钟的动作，只是师生对话的开始。因此，我也常常思考什么样的方法论可以被运用到和孩子相处的沟通对话和点滴日常中，让孩子们做到"亲其师而信其道"。对此，我们班一个不爱说话的小女孩给了我答案。距离小班初入园已经一个学期了，这个小女孩还是很少在集体活动中发言，也几乎不会跟老师进行沟通交流。直到有一次，因为活动需要，我要向她借艾莎小投影手表，于是跟她"聊起了天儿"。由于她很喜爱艾莎公主，所以把手表借给我后，她又主动把我喊住，眉飞色舞地跟我分享了很多关于艾莎公主的故事。我感到很惊喜，于是很开心地听她分享，用积极的回应鼓励并支持她继续分享下去。虽然我们那次的对话只有几分钟，但那是我第一次听到她主动和人分享这么多自己喜爱的故事，打破了我以往对她沉默寡言的印象，也让我对她有了更加深入的了解。在那之后，这个小女孩变得更加活泼开朗了，会主动频繁地跟我分享生活中的趣事，也会在班级集体活动时主动发言。

这个孩子的变化给我带来很大的触动。我意识到原来孩子的可塑性是很高的，他们受到环境的影响也很大。虽然我仅仅做了几分钟的积极聆听者，但很明显，我的认真倾听和理解给她带来了很大的影响和改变。或许是在那次交谈中，她觉得自己被我"看见"了，并且被我接纳和鼓励，才会在后来的相处中更多地放开自己，变得更加自信。在成为一名幼师之前，我找到孩子的兴趣点、投其所好就能获得他们的喜爱与信任。但直到见证这个小女孩的变化，我才明白，孩子的兴趣点只是我们开始对话的契机，更重要的是，我们作为成人是否可以认真倾听、换位思考、理解孩子的想法。当然，和孩子拉近距离，让他们敢于分享、乐于分享，并不是一朝一夕就可以完成的事情。我们需要在日常生活的小事中点滴积累，营造让孩子感受到被倾听、被理解、被接纳的心理氛围。只有站在孩子的角度看问题，换位思考，才能看见孩子的世界、打开孩子的心扉，从而激发孩子发展内在驱动力，促成其健全人格的发展。

三、以看见儿童促师幼双向成长

前面两部分都有提到看见儿童，看见儿童的主体是儿童，"看见"是方法，"看见了什么"是内容，在参加幼教工作论坛的学习活动中，我明白了不变的核心是儿童，看见的是物质与精神环境以及课程等。让我印象最深刻的是深圳市教育局举办的"'看见儿童'的园本课程"这一期教研活动。实地参访时，有一个班级的娃娃家区域分别设置了男孩、女孩的家，老师的设置考虑到了不同性别儿童的心理发展需要，但也让我思考到从孩子兴趣点出发设置多元化区域的可能性。不过在照顾孩子不同心理发展需要的同时，我也在思考也许可以考虑去掉一些性别的刻板印象。比如，奥特曼不是只有男孩感兴趣，女孩也可以喜欢。芭比娃娃也不是女孩的特权，男孩也可以自由地喜欢。因此，看见儿童也包含了看见儿童个体"真正"的需求和兴趣，而不是用社会观念建构出来的儿童群体"可能"的发展特征，因为后者有可能会限制孩子天生、本能、自然驱动的内在潜力。

这次的参观实践让我觉得，我们应该更加用心地看到孩子的个体需求和兴趣，而这种观察能力需要老师们具有扎实的理论功底和实践经验。因此，我们要在看见儿童的过程中学习、实践与反思，才能在日常教学活动中更多地看见和理解儿童，并给予必要的引导与支持。因此，这是师幼的双向成长。在接下来的工作中，希望我能在看见儿童的过程中也看见自己，找到自己的理想信念与职业成长目标，沉下心去夯实自己的理论基础，不断积累经验，不断优化自己，在了解、帮助儿童的同时成就更优秀的自己。

四、一往无前践行教育初心

回忆我成为教师至今的经历，没有波澜壮阔的情节，也没有惊心动魄的故事，甚至刚开始在思想中也有过动摇和退却的瞬间。但是，是我和孩子的互相"看见"，我看见的孩子"看见我"的眼神和温暖，给予我继续走下去的无穷勇气与力量。我蹲下来看见孩子、倾听和理解他们的同时，也看到了他们眼中的真诚、信任和依赖，这何尝不是他们对我的理解和心理滋养呢？我于忙碌的时光中抬头，从那些纯粹、好奇、真挚、光芒万丈的眼睛里窥见了教育的真谛——看见儿童，理解儿童，成就儿童。

对我而言，肩上的责任让我想要尽力照顾好孩子的身心健康，为他们营造尊重、友好、平等的环境氛围，以让孩子在幼儿园里自由地探索和表达自我。我们作为孩子人生的第一任老师，需要张开怀抱迎接和接纳他们，不仅要在三年时间内帮助他们完成踏入小学的准备工作，更要为他们今后长远的人生发展打下温暖、有爱、自由的基础，形成健全良好的人格，勇敢积极地认识和探索自己。

斯霞老师将终身许给少年儿童，李四光先生为地质学呕心沥血，张桂梅校长用生命托起大山的希望……教育路上前辈千千万万，我辈应当有一分热，发一分光，将幼儿教育这一棒，接好！

共同成长，逐光前行

深圳市南山区大冲都市花园幼儿园　黎雨婷

如果你问我，

做幼师幸福吗？

我可能不知道怎么回答你。

但我真正成为一名幼师后，在和孩子们相处的时光里，渐渐感受到最真实的情感，会惊叹这些小小的生命有着如此神奇的力量。

一、感恩遇见

美好的相遇，照亮了我人生的道路。

2018年是美好的一年，新园长和我同时来到这所园所。她姓花，不仅如花一般好看，在工作上也十分认真负责。花园长接手园所后，整个氛围渐渐有了新的模样：花园长会认真地教导我们如何处理家长和孩子的问题，老师们会很积极地谈论问题，遇到难题会及时和园长沟通。不仅如此，她还会认真观察每一位老师，并对老师们专业水平上的不足进行一对一指导，细致地做好培训内容并给我们讲解。我们也会津津有味地听她讲述的内容，认真记好笔记，生怕落下一个知识点。那时候，参加园长培训成了我每天上班最开心和期待的事情，因为我总能收获颇丰，慢慢感受到自己的进步。

我是个非常自卑且不擅交际的人，花园长发现了我的问题，会主动和我谈心，并温柔地鼓励我"婷婷，你今天状态不错，如果笑起来就更棒了！""婷婷，这件事我觉得你做得很好，继续努力！""刚刚我看了你和孩子们的相处方式，如果尝试这样做会更好！"等等。这些话语一直陪着我走过前方的每一步路。她就像我人生道路的光，照耀着我前行的方向，让我在前进的路上有了更多勇气。

在花园长的带领下，我对幼儿有了全新的认识，对未来的道路有了明确的方向。就像花园长说的："每天陪伴着可爱的小天使成长，这本身是一件幸福的事情。"是的，陪伴孩子们的学习成长，让我感受到别样的喜悦。比如，班里一名即将3岁的小男孩，他只会说一些诸如"我的""这个东西""吃饭""老师好"等短语，再长一点的句子对他来说就有些困难。因此，我会经常和他说说话，在午睡的时候给他讲绘本故事。刚开始他还不太感兴趣，时间久了，他会认真地听我讲述故事的内容，有时还会小声地讲出故事接下来的内容。有一次，他看着我给其他小女孩扎头发，便对我说："我要扎。"我笑了笑，立马拿了根橡皮筋在他头顶上扎了一个小辫子，他用手摸了摸小辫子，大摇大摆地走下楼，那神气的模样可爱极了！这时路过的老师看见了他的小辫子，便夸他说："你今天可真帅呀！这小辫子扎得可好了！"他朝老师看了看，小脚不自觉地停在空中，3秒后迅速用胳膊挡住自己的脸，大声地喊道："不要说啦！我……我……我有点儿不好意思了！"这是我第一次听他说这么长的句子，也是他第一次完整地表达自己的感受。在那一刻，我感受到了无比的成就感，觉得之前给他做的绘本阅读都是值得的，帮助他实现了语言能力的里程碑式发展。

二、生命因不同而美好

为了了解不同的孩子，我来到儿童福利院。在那里我认识了很多特别的孩子，他们过着与我们截然不同的生活，也是在这里，我对生命有了不一样的认识。

我班上有12个孩子，"唐宝宝"的数量占多数，孩子们平均智商在2—3岁，但实际年龄却在8—12岁。这些孩子们除了和陌生人礼貌性"打招呼"外，很少再有其他互动。为了拉近和孩子们的距离，我经常利用下课时间和他们一起踢球、打羽毛球或玩拔河比赛。我也会带着他们学习唱歌、跳舞，渐渐地，他们学会了唱《你笑起来真好看》和《听我说谢谢你》这两首歌，也很喜欢和我一起唱，他们的改变和进步让我很欣慰，至今想起仍会热泪盈眶。

时间久了，孩子们和我渐渐熟络起来，竟也会主动跑过来和我一起去食堂吃饭，见到我时会朝着我喊"黎老师好""黎老师，你在干吗？""黎老师上午好！""黎老师，你吃饭了吗？"等等。每当这时，我都会被他们纯粹、真实的热情感动。

涛涛（化名）是个可爱的小朋友，但涛涛的语言发展相对于其他孩子来说比较弱。他在跟读时，只能逐字读，两个字连着读就很困难，而且很难记住学过的发音。后来，我发现他的身体协调性相对于其他孩子来说是发展比较好的，所以为了鼓励他发挥长处，我经常和他一起踢球。然而，他经常抢走其他孩子的零食或者玩具，弄哭自己的同伴，也因此被其他同学贴上了"调皮""欺负人""最喜欢抢东西"等标签。

记得那是11月，天气很冷。我带着孩子们在教室里练习写字，那是我从仓库领来的新铅笔，我希望每个孩子都有自己专属的铅笔。"小朋友们，今天我带了很多漂亮的铅笔来了哦！大家每人选一支吧！"我举着削好的铅笔对着孩子们说。

小女生们都很快选好了自己喜欢的铅笔，便开始了练习。涛涛和政政（化名）是坐在一块儿的，而且他们也经常坐在一起。我拿着铅笔供他们两人选择，涛涛抢先第一个选的，政政是第二个选的。那时我有点儿担心涛涛会抢其他小朋友的笔，便认真地询问了他好多次，铅笔是否选好。看着他认真地朝我点点头的样子，我才放心去辅导其他孩子的书写。

明珠（化名）是个小女孩，她还不会拿笔，我在扶着明珠的手教她如何写汉字"一"时，一只小手拍了拍我，说："老师，涛涛抢笔！"原来是夏夏（化名），他用手指了指趴在桌子上的政政，对我说道。我看了看小声抽泣的政政，又看了看低着头的涛涛。他紧紧地握着抢来的那支铅笔，生怕我拿走。

"涛涛，能把铅笔给我吗？"我拍了拍他的肩膀说道。

涛涛看了看我，将笔藏在了身后。

"涛涛，你喜欢的那支铅笔你不想要了吗？"他摇了摇头。

"可是你抢走了政政喜欢的铅笔，他很难过。"我继续说道。涛涛扭过头，便不再理我。

"那请你到旁边坐着冷静一下吧！这支笔你需要还给我。"我严肃地看着涛涛，"我觉得你这样做不对，我现在有点儿生气。"说完便重新拿了一支新的铅笔给政政。涛涛嘟着嘴巴，别过脸颊生气地趴在桌子上，手里依然紧紧地握着那支笔。

"老师，涛涛！"政政带着哭腔喊道。

我望过去，看到涛涛丢了先前抢来的铅笔，小手不停地扯着政政的新铅笔。

"涛涛，我让'妈妈'带你去隔壁休息室，你这节课不用上了！"说完，我便请了照看孩子们的"妈妈"，将涛涛带走。

课后，孩子们陆续离开教室，到走廊上玩耍。因为是最后一节课，我打扫好教室后需要去食堂给坐在轮椅上的孩子们喂饭吃，所以就没有出去陪着他们一起玩儿。

"黎老师，涛涛！"一个小男生跑到教室喊道。

因为"妈妈"在旁边看着他们，我应了一声后，并没有理会，以为涛涛和往常一样在捉弄其他孩子。

"黎老师，你看，他不让我们玩儿！"接着又来了一个短发的女孩。

"黎老师！"

"黎老师！"

"……"

喊了好几声，孩子们见我没有出来，就没有再继续喊了。

好不容易打扫完教室，一边把教室的门锁上一边想，"今天孩子们怎么没有踢球？"我小声嘀咕着，"可能是看电视去了！"刚转身，只见一个小小的身影蹲坐在地上，头深深地埋在身体里。"涛涛？"我疑惑地喊道。他偷偷地看了看我，继续把头转过去，好像紧紧地抱着东西一样。我摸了摸他的头，问他要不要一起去食堂。

他轻轻地抬起头看着我，说："老师，给……"说完，涛涛将他怀里的球拿了出来，那是我从废仓库里捡的球。我突然意识到为什么孩子们之前一直叫我了，是因为涛涛把我送给他们玩的球藏在了怀里，一直蹲在我门口安静地等着我。

一股愧疚感顿时涌上心头，我轻轻地抱着涛涛问道："你一直在等我吗？""是……"涛涛点了点头。"走吧，现在时间不够玩儿了，吃饭的时间到了，我们一起去食堂吧！"我起身握着涛涛的小手，一同走向食堂……

三、逐光前行，共同成长

当和孩子相处的时间久了时，会发现每一天都充满了未知。看到孩子们欢快地跑进教室时，会感叹美好的一天即将开始。我永远不知道他们会跟我分享什么样的内容，会突然蹦出怎么样的话语。即使没有认真听他们讲述，他们也会热情满满地向我分享他们的喜悦和忧伤。这就是孩子，上一秒在争得赤红耳面，下一秒就会看见他们拥抱在一起欢声大笑。

他们对爱和美好的感觉极为敏感，每当看见孩子们向我奔过来，紧紧地抱住我的时候，我会感受到一种奇妙的能量包裹着我。有时候，当孩子突然跑过来轻轻地躺在我的怀里、微笑地对我说"我爱你"时，我轻轻地回应道："我也爱你！"我发现这是世界上最好的感觉，很喜悦、惊奇。

千万不要小瞧他们，小小的身体，有着大大的能量！他们是最强的学习者，拥有无限的可能！请相信孩子，他们会成为幼师生命中最温暖的阳光，而我们需要做的是陪着他们共同成长。

锚定起航谱成长

深圳市南山区沙河侨城豪苑幼儿园　李卓凌

"上课，同学们好！""老师好！"这是我的学生时代，画面最清晰、最珍贵的记忆。年幼的自己还不知道，那是梦想发芽的声音，憧憬自己也可以站在讲台上，是期盼成为"师者"的最初梦想。随着时间的推移，梦想生根成枝，生出藤蔓，指引着我走向教育之路。当我荣冠教师身份，本以为我的梦想终成真，沾沾自喜尚未满时，却迎来了真正的实践课堂，面对着幼儿层出不穷的挑战。在这重重考验中，我一次次勇于探索，一年年积累经验，如今回望，在16载的教学生涯中，是"师者"，更是"学师者"。《周礼》有注："师，教人以道者之称也。"善为人师者，可以用言语改变人的命运，这正是"一字之师"的理念。然而，更远大的愿景是成为"一世之师"，学识智慧寻找门径，真"师"者应有终身学习的目标，行胜于言。传道、授业、解惑固然重要，但单纯的理论知识并不能解百惑，感恩陪伴我成长的孩子们，正是他们用"独家秘方"成就我的成长。终身学习不只是口号，更是融入我工作、生活的重要伙伴。从教书到育人是一个质变思考，是育人也是育己，有幸成长择一事，终一生。

一、育人育己，青春"教"量

走出校门，意气风发的自己，踏入学前教育行业，面对可爱的孩子们，心里的欢喜总会溢于言表。我渴望证明自己的教学能力，注重每个孩子的学习进展。不仅关注那些调皮捣蛋的孩子，给予他们更多的指导和帮助，同时也时常表扬那些学习进度较快的孩子。班级氛围看似平稳，孩子们似乎都在进步，我曾自认为是成功的。可一次午睡环节的小插曲，却让我陡然惊醒。

班里有一个文静的小女孩——斯斯。她听从老师们的规则要求，从不调皮或是"越界"，这样的孩子会得到老师们的信任，也更容易成为让老师相对"忽视"的存在。

一个夏天的午睡时间，小朋友们都安静地进入梦乡，我在常规巡查中突然扫到斯斯的被子在颤抖，便不解地走过去，发现斯斯在偷偷哭泣，我问斯斯怎么了，斯斯先是惊住，然后委屈地说是想妈妈了。我想着可能是她一时撒娇或是近期妈妈工作繁忙，未能经常陪伴她。我抱抱她，轻声劝导，斯斯很快冷静了下来，慢慢地睡着了。

这个小插曲在下午课程开始后就淡去了。接下来的几天，斯斯仍是正常活动，也没听她再提起过此事。那几天我总想着见到斯斯妈妈和她当面说说孩子的近况，可平常每日都能见到的人，一周都未出现。这引起了我的疑惑，在给斯斯妈妈打电话也无人接听的情况下，我找到了斯斯的外婆，向她反馈斯斯近况时，我适时询问其妈妈是不是最近工作很繁忙，外婆方道出实情。原来，斯斯妈妈在体检时查出来一个很不好的结果，上周飞去北京接受治疗，而斯斯在家表现得也是安静乖巧，没有因为找不到妈妈而哭闹。一瞬间我愣住了，脑海中快速回忆着这几天发生的事情，那次午休的斯斯，她不是简单的哭泣，也不是单纯的思念，这是斯斯发出的"求救信号"啊！她还那么小，我却没有足够的重视。斯斯在园是不"越界"的好孩子，在家是听话的乖宝宝，她在隐忍她的情绪，偷偷地思念，不愿为老师、家长增加"麻烦"。面对如此让人心疼的斯斯，我自责不已。我和斯斯外婆一起商讨，如何让斯斯有正常的情绪宣泄，同时和班级老师根据斯斯的情况，回应斯斯的"求救"，制订"解救"计划。在日常活动中也正面引导其他小朋友带动斯斯，让斯斯敢于表达自己，认同、鼓励并拥抱她。

　　这个"解救"计划我们实施了整整两个月，在我们的共同努力下，斯斯渐渐敢于表达自己的情绪、勇于展现自己的喜好，她的进步让远在北京的妈妈都可以强烈地感受到。终于斯斯妈妈治疗顺利，健康地回到斯斯身边。看着斯斯每天雀跃的身影，我感慨颇多，感谢斯斯给予了我们时间和机会，让我们发现她的"求救"信号，这段时间不仅是对斯斯的"解救"，也解救了当时的我。让我从模式化的保育和教学流程中突破，从侧重关注幼儿整体发展到关注个体差异；从自我主观意识的"独裁"到事实客观地去观察幼儿。不以常规做定论，不以经验止步不前。面对挑战、面对突发情况，坚守教育理想，遵循教育规律和幼儿成长的多维方向。守正求真，切实观察到每一个幼儿的真实需求；守正务实，面对当下幼儿的需求实施解决方案；守正稳新，在个性化解读结合实际发展规律稳妥创造新的方案。教书育人笃行不怠，坚守与创新同等重要，定要常感知、重思考，常反思、多耐心。不留白每一个儿童，不后悔每一个教育瞬间，"学师"之路刚刚起航，温馨与关爱是我在教育之路上永恒的追求。

二、聚焦观察，儿童"世"角

"观察儿童，看见儿童"是一名专业教师的核心技能。在我16年的教育生涯中，观察已经成为我最强大的教育法宝。从最初以教师的身份去观察儿童，到后来蹲下来用儿童的方式看待世界，我不断地探索，打破固有的成人思维，全身心融入儿童世界，使用儿童的视角，体味儿童的思想。相信我，当你用儿童的眼睛去观察，你一定会得到意想不到的收获。曾经的我，就从观察的结果中生成了一节孩子们特别喜欢的课程——"墙角的微世界"。

孩子们会对他们可以看到的世界充满好奇，他们也经常愿意蹲下来发现更好玩的世界。一次户外活动的整队，乐乐和小柯没有听到老师的集合口令，完全沉浸在他们的观察世界中。在面对精神高度集中的孩子行为时，我不会武断地去打扰他们，而是蹲下来，走进他们的小小世界。他们发现在墙角和绿植的相连接处，有小蚂蚁在搬家，有青草上滴落下来的露珠，还有"匆忙"的小蜗牛宝宝。乐乐和小柯的发现，吸引了更多孩子们的关注，面对孩子们的发现和求知欲，我果断把此次的意外发现生成课程，同时请乐乐和小柯作为主讲小老师，为其他小朋友布置任务，共同探索这个"微世界"可以带来的新知识。小朋友们从探讨到实践研究，从植物和小动物的共存世界延伸出自然界的生存法则，让观察融入教学当中。而我，只是他们身边骄傲且自豪的记录者。

三、衔接有方，浸润"乐"程

著名教育家陈鹤琴说："大自然、大社会都是活教材。"课程源于生活，抓住教育契机，不光是锻炼幼儿的自主探索，更是我技能提高的难得机会。在孩子们特别期待把"墙角的微世界"生成课程后，我的任务就是思考如何由此延伸拓展。幼儿可以成为课程的发起者，那我作为师者，亦不能落后。细致地观察、好奇心无限大，多半发生在小班，而随着年龄的增长，幼儿的观察和想象力会越来越被外在事物干扰。成为这份观察力和好奇心的保护者，是我为自己定下的新任务。教育者常说不忘初心，幼儿观察与想象的初心在半年、一年后，该如何唤醒呢？是衔接！衔接每个年龄阶段的特点教学，逐步衍生难度，并增加挑战。

在中班时，我重新拿出小班"墙角的微世界"课程图片及记录孩子们当时"萌言萌语"的视频。视频里的小爱指着露珠说："蜗牛宝宝快来喝水呀，你的露珠水壶就要跑啦！"思思听后很认真地和小爱说："它的水壶可真好看啊，我也想要……"可爱和认真观察的视频，成功引起幼儿们的好奇心和回忆。面对曾经幼稚的自己，孩子们都忍不住大笑。可随着我的提问和引导，加上难度的提升，幼儿们开始思考。小班的"墙角的微世界"到中班的自然课程"动物的生存环境"，我以幼儿观察兴趣的视角去生成课程，让幼儿以自然的方式去探索，我发现孩子，孩子发现世界。关注整体幼儿与个体差异，这并不是冲突的矛盾体，相反，如果运用得当，是可以带给你无限惊喜和教育新能量的。

大班时，我想延续小班的"墙角的微世界"课程，这一次，我仍把主动权交给幼儿，大家从回顾到学习的深入，从回答问题到提出问题，再到自己解决问题。他们的视线从幼儿园转移到家庭和社会环境，向我提出了非常富有哲理的问题："老师，蚂蚁搬家是那个墙角里的主角，那我们是哪个世界的主角呢？"面对这样新奇的问题，寻找答案怎能是老师的一家之言？幼儿们大胆表达自己的观点，甚至还出现了小小辩论的场景。最终社会课程"环境里的我们"在孩子们的讨论与投票中生成。

每一次课程的难度提升，都以幼儿前期课程为基础，以此衔接升级既满足幼儿的年龄特点，又铺垫幼儿成长的过程。以"衔接"为引，每一次回首课程，幼儿都清楚地知道，他们既是这个课程的创始人，又是课程的延续者。在孩子的自信与光芒中，课程不再是一份简单的教案，更是幼儿们共同创设的乐园使用说明，让幼儿在园的时光里充满"含童量"的快乐基因，也让我的教育时光浸润在彼此的成长之中。衔接是我这三年来的坚持，坚持把"墙角的微世界"课程融入幼儿的成长记忆里，坚持不忘初心地尊重幼儿的发展规律，坚持以探索实践理论强化创新之路的决心。三年的思考与践行，我不光是一位出题人，更是一位答题者。我坚守的课程衔接，为我的专业素养增添了夯实的养分，让我在以后的教育教学上，更踏实求真地去听、去看、去实践，于常态化的教育教学中固本创新，茁壮成长。

　　从育人育己到衔接有方，从照本宣书到因材施教，"关注"二字，是我成长路上密不可分的"伙伴"，是我的"关键词"。因为关注，我明白了个体差异的重要性；因为关注，我可以蹲下来聆听幼儿的声音；因为关注，帮助我成功从理论知识走向实践发展。与其说是专业能力的提升，不如说是因为关注一次次教育生涯的重新"开学"。16年的学习深造，在我自己看来仍未达到毕业的标准，因为每一次的成长，都让我重新审视自己，都是孩子们给予我的学习机会。尽管时光如水，但教育是一场永无止境的旅程，我会一次次启航，承载着星辰般的幼儿，永葆教育人的赤子情怀，坚定地奔赴新征程。

环境塑人：创设适宜学习
环境的实践思考

深圳市龙岗区龙城街道名居广场幼儿园　　贺孟婷

在教育中，环境扮演着无声但至关重要的角色，它是我们的共同工作场所，更是塑造学生、助力成长的关键。在幼儿园，环境更是一种无处不在的教育资源，我们称为"第三位老师"。身为一名教学管理者，我深知优质环境对于幼儿全面发展的不可或缺。然而，当我首次面对新园的环境建设任务时，内心充斥着害怕和不知所措，我怕投入巨资打造出的整体环境不和谐，怕环境需要大改、浪费资源，更怕这不是幼儿所喜欢的环境。园长、美术老师、擅长艺术的朋友——身边的环创高手都被我请来探讨解惑，环创、设计类书籍屡次翻阅查找，最终与园长共同确定园所的主基调。在整个过程中，我们一直在不断地探索、学习，了解什么样的环境是最适合幼儿并是其所需的环境？能否给我们的老师带来减负和成长？一所新园的创设又该从哪里着手？……带着一连串的思考，我从零开始搭框架，确定主色调、主基调，引导教师利用内部研训打造班级特色，深入探索如何让环境辅助课程，不断调整、反思、优化环境，我的内心逐渐松弛。从害怕到面对再到一砖一瓦地动手操作，零基础环创不再可怕，反而蕴藏着无限空间和可能。我很感激身边的专业人士给予的建议和指导，更感谢教学团队的无限支持与付出，让我们的环境从无到有，从有到沉淀园本特色，再到打响环创名号、产生广泛影响。我想这对谁来说都是莫大的肯定，也是重要而难忘的经历。这样的环境探索一路走来也成就了我的成长，从"支架基本、彰显特色、沉淀课程"中催生出我与环境共同的成长故事。

一、支架基本，满足幼儿所需的物质环境

新园环境的构建常常面临一系列挑战：如何有效规划一间空旷的教室，或如何营造一个既有气质又受幼儿欢迎的学习空间。这些都是关键问题，需要我们深入思考和系统规划。而迎接这些挑战之前，顶层设计往往易被忽略却尤为关键，团队正是其中重要的支架力量，我曾在规划制定基本框架和方向后放手主权，交给教师去优化、丰富环境，创设个性化内容。但就在放手后，我发现班级环境变得五花八门，什么颜色都有，满满当当的，很有"20世纪七八十年代"的氛围。我开始思考，问题到底出在哪里？是因为全然相信教师还是因其能力不足？

我们的教师来自五湖四海，以往的工作经历影响着大家对环

境创设的认知和基调，思维转换还需时间磨合，行动输出更是难以协同。为统一教师观念，我以培训树为方向，了解教师刚性需求，从办园理念到环创原则细致培训，激起教师共鸣，一起努力打好环境底色。方向统一后，为深入了解班级环境改进情况，推动班级环境适宜幼儿发展，我继续组织教师走进环境现场，来了一次浸入式教研，围绕班级中存在的表征、规划、材料等问题，进行一对一有针对性的指导，引发教师主动思考，并一个个去突破解决环创中的真问题。

故事1：不规则的教室怎么规划？

创设班级环境时，有名新班主任提出问题："我们中间班的这个教室不规则，感觉怎么规划都不好弄。"我反问："你能改变教室不规则这个客观条件吗？不规则我们就放弃改造吗？"我紧接着说，"既然不能改变'不规则'，我们何不以不规则为特性去思考如何创设更有特色的班级环境呢？不规则既是你们班环创的阻力，也是你们班环创的亮点，不规则更容易打造特色小区，我相信以你们班级老师的智慧一定可以攻克这个难点，你们的环创也会变得更有自己的亮点，这么有特色的环创体验，何乐而不为呢？你们可以先去尝试，我们再一起研讨、优化。"

随后，这位班主任表示愿意去尝试规划调整，最终创设出了适宜的环境，在园所环创评比中荣获一等奖，为此她们很开心。我在语言上适时激励、指引方向，在行动中放手，让她们在探索尝试中成长，巧妙地把问题变成她们成长的助推器，以问题点去推进环境调整，再以交叉检验、环境评比的方式推动环境优化，我所支架的是基本的行动路径，最终适宜幼儿的整体环境得以构建。

在指导教师环创的过程中，我也在不断地学习成长，从环境主力巧妙地转换成环境助力者，看到老师获得的喜悦和成长，也证明了我关注"支架基本"的正确性。建一栋高楼大厦，只有基底框架搭建好，才有可能建出高耸直立的摩天大楼。幼儿园的环境创设亦是如此，需要我们支架出基本框架才能畅想出未来的无限可能。

二、彰显特色，凸显幼儿所爱的班本环境

随着环境的逐渐丰富，龙岗区龙城街道名居广场幼儿园的基础环境已经支架，但通过巡班及教研我发现，各班的环境创设基本雷同，千篇一律，走进每个班看起来都差不多，毫无特色可言。但新园环境支架好，打好基础底色这就够了吗？园所在迅速发展的过程中，我开始审思：如何让教室变得更有价值？如何让环境成为幼儿所喜爱的？带着这样的思考，我深入班级观察孩子与材料、环境互动的情况，从中探寻到环境中存在的问题：①班级区域规划差异不大，缺乏班级特色；②主题环境价值不高，缺乏互动性。这些都会影响幼儿对环境探索的兴趣，也会削弱环境存在的价值，因此，怎样解决实际问题成了我现下的关注点，我找到园长一起开展"头脑风暴"，讨论问题点和解决策略。在一次散步途中，我们遇到在户外游戏的孩子自主聊着自己喜欢幼儿园的哪个区域，还说如果幼儿园有个吊椅会更好玩。这些无心的

童言稚语被有心的我们听到，给我们带来莫大的灵感和方向：环境的使用主角是幼儿，我们应该询问幼儿的想法，以幼儿视角去调整优化他们所需要的环境，聚焦特色区，凸显班本特色。

为了更好地推动班本特色环境的形成，转变教师以成人视角去创设环境的想法，我以环境评比为契机，带领教师们进行深入的环境现场教研和培训。以往的环境评比通常是在放学后，静态地对环境进行解说、评价和提升，但有一天巡班发生了一件事，改变了我的教研方式。

故事2：这有什么好看？

一次，当巡到大班时，我看到大二班的主题墙面文字较多，便停驻下来细看。这时，彤彤跑过来问我："你看这墙面干吗呀？这有什么好看的？"我回应她："这不是你们跟老师们一同探究的问题吗？你能说说这里面有趣的故事吗？"彤彤说："我不认识这么多字，不知道这里写的是什么，我只知道这里是我们分小组种蘑菇，最后只有苹果组种成功了，它们是在暗暗的、比较湿的地方种的（她指着其中一小块图文）。"我继续问："那其他内容老师没有跟你们一起讨论过吗？"彤彤答："没有呀。"……

显然，彤彤看不懂墙面的内容，这意味着老师并没有与孩子一起讨论，孩子不感兴趣也不明白。也许老师觉得有价值上墙，或只是为了填满墙面，以美化环境，但这种墙面环境创设是没有指引价值的。

为了让环境发挥它隐性的教育价值，我把静态的环境评比变成动静结合的评比，先让教师们走进班级现场看幼儿与环境的互动情况，以幼儿互动的动态形式评比，过后再集中教研讨论。经过这一场动静结合的环境评比，让教师从不同视角深入了解了环境的真正作用和价值，统一了教师的环境认知。在后续的环境创设中，我渐渐能看到创设视角的改变，也能看到幼儿与环境的互动增多，真正发挥了环境的指引作用。

三、沉淀课程，挖掘幼儿所适的深度学习环境

当园所环境形成一定的框架和特色时，预示着我们的环境已经相对成熟，下一步的环境建设应该不再只关注外在美观和特色，而是需要我们去挖掘更深层次的环境内涵。园所大部分教师来自民办园，缺乏对主题环境价值的判断和课程融通的结合，在班级环境中缺少真实的课程探究留痕及学习生活指引。因此，我把下一步班级环创重点放在了挖掘课程与环境的融合，进而促发深度学习环境上。此阶段以三级环境审议（园级、年级、班级）—外出参访学习—对标《深圳市优质特色示范幼儿园创建指导手册》来推进环境创设走向深入。

初始阶段，我通过园级审议培训去支架环境课程方向，再推动级组审议优化环创细节，最后以班级审议细化实施，以带动教师不断教研思考，以三级环境审议保基准，最终形成具有本班课程特色的深度学习环境。紧接着搭建教师外出参访学习机会，让所有教师走出去，以参访学习促教师多元发展，丰富眼界、激发灵感，提升环境中的课程及体现探究性内容，促使环境走向多元化。最后以《深圳市优质特色示范幼儿园创建指导手册》为

基准，通过自查、他查的方式找准环境问题点，优化学习探索环境，挖掘环境深度，突出课程探究性及幼儿所需的环境指引内容，不断以课程为主导推动深度学习环境的形成，发挥环境的潜在价值。

环境是具有灵活性和隐性影响力的，它是重要的育人场所。我认为一个适宜幼儿成长的环境一定是随着幼儿及课程不断实时变化的，一所新园的环境创设应该按照自己的步调，从搭基本—创特色—挖深度的路径去探索，思考如何创设一个能支持幼儿深度参与，促进幼儿全面成长的环境。在环境创设发展中，我也深刻地明白了应该以幼儿的视角去审视环境创设中的价值诉求，把真实表达、创造的机会还给幼儿，以激发他们由内而外的认知和体验，倾听幼儿的心声，以幼儿的想法去沉淀课程，释放环境的力量。

想要戒除不容易

——烁然的小毯子

深圳市南山区华侨城世界花园幼儿园　傅菀宜

　　烁然是一个刚刚进入小班的可爱小男孩，脸蛋圆嘟嘟的，看起来十分惹人喜欢。从进入幼儿园的第一天起，烁然就一直抱着一条从小用到大的薄薄小毯子，他似乎对这条小毯子情有独钟。每天，他都紧紧地抱着它，不论是睡觉、吃饭、上课，还是玩滑梯，甚至上厕所也要带着小毯子。有时，他在户外玩耍时偶尔会忘记，但一旦发现没有小毯子，他就会大哭不止，坚持要找到它。

　　对于烁然坚持要小毯子的行为，刚毕业的我感到手足无措。我尝试用玩具、糖果等方式吸引他的注意力，但都无济于事。他只是看了一眼，然后更加哭闹，似乎对于别的东西毫无兴趣。为了安抚他的情绪，我只能第一时间找出他的小毯子。

　　但是一直抱着小毯子也不是长久之计，为了弄清烁然对他的小毯子为什么会有那么大的执念，我尝试着从烁然的家庭入手去了解具体情况。在沟通中我了解到，烁然的爸爸妈妈平时工作较忙，大部分时间是爷爷奶奶带着烁然。爷爷奶奶在生活中总会满足其一切要求，更别说是一条小毯子了。和烁然爸爸妈妈一起讨论后，我们决定先让烁然不带小毯子去幼儿园，认为让孩子哭两天说不定就好了。可两天下来却适得其反，烁然每天早上来幼儿园之前，总会担心、哭闹不止，就怕爸爸妈妈不让他带小毯子来幼儿园，到园后也显得更加不安。在多次尝试后我逐渐明白，强硬的方式对烁然来说并不可行。

作为一名刚毕业不久的新手教师，从学生到老师的身份转变固然是不易的。当书本上的专业知识变成一个个鲜活的现实问题时，我才发现两者之间的差距是如此巨大。在寻找如何正确帮助烁然戒小毯子的方法时，我像一只无头苍蝇般乱撞，总是寻找不到一个行之有效的办法，这该怎么办呢？我在教研时向园里经验丰富的老教师寻求帮助。老教师听后，没有直接给出答案，而是问了我一个问题："为什么一定要让他在小班戒掉这条小毯子？"这个问题我已经想过很多次，也说过很多次了，可我正要开口时，老教师却摇摇头制止了我，让我再想一想。

在前辈的引导下，我开始反思自己在面对烁然时的态度。在我的刻板印象里，烁然是一个懵懵懂懂、不遵守规则又调皮的孩子，印象最深的是暑期新生家访，第一次见到他时，他正在客厅边尖叫边奔跑着掀翻桌上所有玩具。那个时候，我在心里暗暗想着：来上幼儿园以后也会像在家里这样吗？果然，九月初开学后更加印证了我的想法。在适应幼儿园生活后，烁然被许多小朋友"投诉"："老师，烁然破坏我搭的积木""老师，烁然推我"……每天收到对于烁然的"投诉"事件数不胜数。而此时，"调皮""听不懂指挥"等标签也悄然贴到烁然的头上。而当后来烁然始终无法割舍他的小毯子时，我更是第一时间认为这是调皮的烁然的又一个"不良行为"，需要被尽快纠正。

确实，我的主观认知掌控着我对孩子的看法，也致使我初期在解决这个问题上误入歧途。刚开始的我总秉持着"快刀斩乱麻"的想法，想要立刻让他戒掉小毯子，但我得到的反馈常常是连绵不休的哭闹声，看着哭得满脸泪珠的烁然，我没有尝试与他共情，而是越来越烦躁和不安。是我一直在戴着有色眼镜，认为这个三岁的孩子一直顽皮、无理取闹、没有"规矩"，也是我以一个成人的视角去看待小毯子，把小毯子当成烁然成长过程中的累赘，以所谓"规则"来要求烁然，而后采取强硬的方法去解决，如此得到的结果往往与我的初衷相悖。

为了更好地理解烁然，我查阅了相关书籍。胡萍老师在《善解童贞》一书中说，依恋物对于孩子来说已经不仅仅是一个玩具，一块毛巾，而是他们适应这个新世界、新环境的情感拐杖。小毯子上熟悉的气味和触感，能够安抚烁然内心的焦虑和不安，从而减少分离的焦虑和恐惧。而且，小毯子可以由烁然自己控制，这让他感到很自主、很安全。但烁然对小毯子的依恋程度过于强烈，需要进行适当的引导。我之前的做法、方向没错，但为什么没效果呢？我的眼前一遍遍浮现出我对小毯子特别关注的眼神。是啊，我过于关注和烁然游戏的目的了，这让他感觉很不安全。反复对照《3—6岁儿童学习与发展指南》，我发现我所想的一切方法，目的都是想让烁然放下小毯子，但并没有站在他的视角，去体验他的感受。烁然已经把自己和小毯子看成一体的了，我为什么不和他一样从喜欢小毯子入手呢？

由于实践经验较少，我再次找到园内经验丰富的老师们提出了我的想法并诉明我的苦恼。于是，集众多老师们智慧于一身的"小毯子"的主题游戏诞生了，游戏分三个环节进行。

"小毯子"游戏的三个环节

我爱小毯子	玩转小毯子	放好小毯子
我们让班级内的小朋友们都带来自己的小毯子，围坐在一起，相互介绍自己的小毯子。轮到烁然时，我们鼓励他打开并介绍自己的小毯子，让大家欣赏上面的图案	我们利用晨谈时间，引导小朋友们用小毯子玩游戏。比如，把小毯子叠成大老鼠，大家一起玩"猫捉老鼠"的游戏；小毯子变成大红盖头，玩"红盖头掀起来"的民间游戏；把小毯子藏在柜子里，一起玩"猜猜我在哪儿"；等等。这样，小毯子慢慢变得不再是烁然自己的了，而成了小朋友们共同的玩伴	时机渐渐成熟，我们让烁然假扮小毯子，感受每天陪小朋友们玩的辛苦，想象如果玩后能休息一下，会不会更好？于是，烁然试着把小毯子叠起来。第一天，放在身边；第二天，放在自己能看见的地方；第三天，放进自己的小柜子里。以此逐步缓解他对小毯子的依赖

在老师的积极干预下，烁然对于小毯子的依赖少了很多。这也启示着我，只要找到适宜的方法，也可以让棘手的问题变得简单起来。对于三岁的烁然来说，小小的安抚物代表着安全和依恋感，是母亲一般的存在。如果把孩子的安抚物扔掉，或者以"一刀切"的方式让其强行戒除，不仅会让孩子感到不安、焦虑和恐惧，甚至还会造成孩子人格上的创伤，不利于孩子身心健康的发

展。因此，要他完全戒掉小毯子是一条道阻且长的路，而这条路或许最需要的不是成人的强制干预，而是理解、陪伴与相信，相信他有能力顺利过渡，并按照自己的节奏长成一个独立的人。

这次经历带给我很深的触动。仔细观察孩子后，我意识到我常常将孩子的行为简单地归类为"不良行为"，而实际上，这些行为往往是他们缺乏知识或意识的表现。孩子在成长过程中，会根据自身发展水平，表现出与其年龄相仿的行为，这并不是真正的"不良行为"，而是他们在适应新环境和情境中的自然表现。比如，有些孩子初入幼儿园时，总是哭闹不已，而且会持续很多天。而事实上，孩子的哭闹只是适应性不良造成的，他们的语言及掌握的社会技能还不足以让他们准确地表达出自己的需求，特别是他们的需求对于身边的大人来说似乎是不合情理、不合时宜的时候。但成人视角下的"情理"和"时宜"，常常并不是三岁幼童所能理解的，更远非他们必须遵守的行为准则。

以孩子的角度看待问题，和以问题的角度看待孩子，是完全不同的两个方向和世界。以问题的角度看待孩子，看到的是"错误的孩子""不符合理想样子的孩子""不完美的孩子"，最终要解决的是，如何把孩子改造成"正确"的样子、"完美"的样子。以孩子的角度看待问题，看到的是，问题只是一个现象，只是冰山一角，其现象背后的实质是什么？冰山下面的是什么？他们真正想要的是什么？孩子是自身成长的主导者，教师则是解读者和追随者。探寻现象背后的本质，倾听孩子的真实需求，问题便不再难解，直至融化于爱与陪伴之中。

携手同行，向阳而生

深圳市龙华区鹭湖外国语小学附属懿花园幼儿园　邹玄子

人生就像年轮，一圈一圈地生长。作为一名教师，与孩子们共度的时刻、相处的点滴，都在我成长的过程中留下了独特的痕迹，就如年轮上深深浅浅的印记。迈入幼教行业一年多，幼师对于我来说不仅仅是一份职业，更是一份责任与担当，"百尺竿头须进步，十方世界是全身"，我们不仅在传授知识和技能，更是肩负着赋能、启迪和引领的责任。从赋予能量，到推动成长，再到平等关爱，我很感激能够与一群可爱的孩子们一起携手面对新的挑战，并在他们童真童趣的环绕下对工作和生活有了更深的感悟。

一、用心托起，赋予能量

美国心理学家罗森塔尔和雅各布森共同研究并提出了"罗森塔尔效应"，也称"人际期望效应"，指的是教师对学生的殷切希望能戏剧性地收到预期效果的现象。在3—6岁这个重要的成长阶段，孩子们正需要被发现、被尊重、被托起，作为老师，我们要学会发现孩子的闪光点，用语言艺术赋能孩子，从而激发他们的潜能，让他们在轻松、愉悦的氛围中成长，获得自信与能量。

故事1：秀出你的精彩

要召开新学期家长会了，老师和孩子们都在为这个令人期待的活动精心地准备着邀请函、矿泉水装饰、卡座、欢迎板、签到台等。在制作卡座的环节，小朋友们用黏土进行点缀和装饰，纷纷秀出自己的精彩创意，有的捏了小兔子，有的捏了小熊，但园园却坐在那里迟迟不动手。我蹲下来轻声问她原因，她一开始沉默不语，经过我旁敲侧击一番后，她表明担心自己做得不好看，所以不肯开始。

从园园的话语中，我意识到她的内心充满了对自己的不确定感和压力。我明白，此刻我不能简单地用空洞的"你很棒，你加油"敷衍形式的赞美来应对她，而是需要用更深层次的方式去理解她的情感和需求。于是，我开始迅速回忆她之前在手工方面的表现和闪光点，从她的角度去感受并理解她的独特之处：她擅长编织手绳，在生活区她是一位小老师；她的亲子环保作品"小花朵"仍然在我们的美工区展示，小朋友们都赞美不已；她的绘画创意也非常优秀，常常有令人惊艳的作品。

"老师知道你对自己的要求很高，想把卡座做得很完美（与她共情）。你要相信自己，你的动手能力我们有目共睹，你编织的手绳大家都觉得精致，你的美工作品现在还在展示牌上呢，这都说明你很棒（用事实说明）。那么你再构思一会儿，就开始创作吧（给她时间调整心态）。"等我再次走到园园身边时，她的卡座上已经捏好了好几朵玫瑰花，脸上也露出了满意的笑容。

戴尔·卡耐基曾说："人生来就喜欢被人鼓励，用这样的方式对待孩子，可以让孩子在轻松愉悦的氛围中成长，获得自信，从而变得更优秀。"正如在故事中，当我看到园园因为对自我期望过高而迟迟不动手时，我选择了与她共情，并且给予她真实的赞美和鼓励。我回忆起她在手工方面的能力和成就，告诉她这些都是她闪光点的体现，要让她相信自己，放手去创造。孩子们需要的不是空洞的赞美和鼓励，而是真正地被发现和被肯定。

作为一名教师，要用心观察和了解每个孩子，帮助他们发现自己的独特之处，有目的、有策略地鼓励和支持，孩子才能获得真正的自信和成长。同时，我们也应该相信孩子们的潜力，给予他们充足的时间和空间去实现自己的想象和创意，为他们开启更广阔的成长之路。我也坚信，被认可、被鼓励、被相信，让他们在轻松愉悦的氛围中成长，是孩子们获取信心的最好方式。

二、并肩输赢，驱动成长

在孩子的成长过程中，他们不仅需要知识和技能的学习，更需要塑造积极向上、勇于尝试、勇于面对挫折的成长型心态。在3—6岁这一关键阶段，他们的心智和思维能力正在不断发展，他们需要教育者的耐心和引导，才能关注自己的努力，看到自己在过程中的进步。作为老师，我们要关注他们的情感和心理的健康发展，引导孩子正确认识和处理输赢的关系，塑造成长型思维模式，进而获得更持久的自我驱动的成长力量。

故事2：不是第一也没关系

在足球训练课上，教练将全班分成了四个小组，进行运球比赛。孩子们积极性很高，比赛场面很激烈，大家纷纷都在为自己的小组成员加油呐喊。然而比赛有输有赢，当教练宣布冠军时，获得第二名的莎莎嘟囔着："哼，这次不算，我们要得第一名。"当教练说明由于时间原因只能下次再比时，莎莎低下了头，脸上露出了失落的神情。

莎莎在我们班是一个要强的小女孩，凡事都力争做到最好，对自己也是高标准严要求，综合能力很不错。我走上前弯腰问她："莎莎怎么嘟起小嘴巴啦？因为没有得到第一名吗？（表明对她的关注）不管得了第几名，你们团队合作每次成功将球运到目的地，这就很棒了，老师要给你们大大的赞呢（表明过程的重要性，以化解莎莎内心没得第一的焦虑）。咱们听教练的，下次再比，相信你和你的队友会更加努力的（引导她要有越挫越勇的信念）。"此时，小组的队员们也一边嬉笑一边互相鼓励，"我觉得运球好好玩，输了没关系，下次我们加油！"莎莎皱起的眉头也慢慢舒展开来。

孩子在成长过程中，学会输得起比学会怎么赢更重要。孩子能坦然面对失败，并且能勇于接受重新来过，这将是他们成长过程中宝贵的财富。3—6岁的儿童是在游戏中学习和成长的，在比赛中，孩子们经历了赢和输的情感起伏。而教练的表扬和我的安慰，在关键时刻用生动的言语或行为让孩子体会到"输赢相生相伴"这个事实，让他们明白比赛的过程同样重要，成绩并不是唯一的标准，并让孩子学会面对成功、失败等各种结果。只有在这样的过程中，他们才能逐渐培养出坚韧、自信和自我驱动的品质，最终获得成长型思维模式，从而更好地迎接人生的挑战。

三、平等关爱，予以机会

1968年，美国科学史研究者罗伯特·莫顿提出了"马太效应"这个概念，指的是一种强者越强、弱者越弱的现象。在教育领域，这种现象同样存在。例如，幼儿园里的"好"孩子往往得到老师更多的关注和鼓励，从而变得更加优秀，而被看作"坏"孩子的往往会得到更多批评指责等负面互动。诚然，好的教育是要公平地对待每一个孩子，因此，我们要让每个孩子都有均等的发展和表现的机会、获得荣誉和赞美的机会以及获得关爱的机会。

故事3：我是"米竹小卫士"

苗苗是我们班一个比较调皮的小朋友，不开心的时候会闹脾气哭鼻子，开心时偶尔会兴奋过头不守规则，老师们常常会为如何教育好他而伤脑筋。这学期，我们班美工区的主题是水墨风格，老师为美工区添置了一盆新的装饰植物——米竹。孩子们看到这盆植物时都很欣喜，与此同时，也有孩子提出了一个问题——每天放学前都需要把米竹移出教室，避免米竹受到消毒灯的照射，那么由谁来做这个"米竹小卫士"呢？

米竹就摆在苗苗的座位前方，老师又想起苗苗做值日生时态度积极，于是抓住这个机会，"我们采取就近原则，因为米竹就摆在苗苗正前方，以后放学收拾整理时，就由苗苗负责将米竹拿到小阳台"。问及其他孩子是否同意老师的提议时，苗苗显得局促不安。当听到大家纷纷同意后，我能看到苗苗那时眼睛里的光亮。事实证明，苗苗能够做到，我们还给米竹起了个小名叫"黄竹"（苗苗姓黄）。自从当了"米竹小卫士"，苗苗在其他方面也有了大大的进步，我们都替他感到高兴。

正如教育学家苏霍姆林斯基所说："让每个学生都抬起头来走路。"当我们持有平等关爱的态度时，我们会发现每个孩子都有他们的闪光点和潜力。就像苗苗一样，他在老师的引导下成了"米竹小卫士"，慢慢地赢得了同学们的认可和尊重，也在其他方面有了大大的进步。只有我们摆脱马太效应的束缚，眼里有孩子，心中爱孩子，尊重理解每一个孩子，让孩子感受到被公平、公正地对待，才能够让"米竹小卫士"遍地扎根，茁壮成长。

点滴相处，满是收获。赋予孩子能量，能给予孩子信心；教会孩子面对输赢，能让孩子收获成长力量；给予孩子公平的机会，能让孩子感受到被尊重与理解。除了这些，感受孩子的童真童趣、激发孩子的创造能力、在教学中自我反思……千言万语述不尽。一个个故事、一场场画面，串成了我与孩子们共同的成长历程。智者知日，慧者彗心，我愿做一名有智慧的老师，携着我的仁爱心和责任心与孩子们一同前行。如果把孩子比作种子，那我就要做将种子播撒在泥土里、给种子提供肥沃土壤的园丁，我会精心呵护种子——营养、水分和阳光都不能少。我会竭尽全力赋予种子能量，使之发出嫩芽苗壮成长，向阳而生。

花期将至，我心犹荣

深圳市南山区沙河侨城豪苑幼儿园　罗桦子

如果说生命是一场旅途，那么在幼儿园与这群全世界最可爱的"小天使"相遇，便是我生命中最浪漫的邂逅。转眼间，我在幼儿园已度过5年的时光。在这5年的时光里，在同事和领导的照料与熏陶下，在与每一个可爱的孩子的相处中。我逐渐读懂了韩愈笔下"师者，所以传道受业解惑也"的真谛；体悟到了白居易"令公桃李满天下，何用堂前更种花"的甘之如饴；亦明白了荀子"君子隆师而亲友"的悠悠哲理。

在我心中，每个孩子都是一朵花，只是花期有早晚、花色有不同，我愿用真心、关爱与陪伴，诠释自己心中的理想和肩上的责任，守护花期。

一、你本就是独一无二的

《儿童教育心理学》的作者阿尔弗雷德·阿德勒曾结合自身

多年来为儿童进行心理咨询与治疗的经历，从个体心理学中的人格统一性和整体性出发，通过对儿童成长过程中现实例子的讨论，深入研究分析了人类发展的过程、儿童追求优越感的根源、儿童进入新环境时所面临的考验、儿童教育中的失误等问题。正如他在书中所言"所有儿童都天然地具有一种自卑感，这种自卑感激发了儿童的创造力，促使他们采取行动来改善自己当前的处境，以消除自卑感"，因此在与幼儿的相处中，我时常会用这句话来启发自己，来给予幼儿更多的关爱，助力他们更加健康地成长。

乐乐（化名）本是一个乖巧可爱的孩子，在园里一直都很受老师和小朋友们的喜欢，可最近不知怎么回事，总是在小朋友和老师面前捣乱。手工课时，我教大家一起用橡皮泥捏不同的小动物，在示范完基本流程之后，我鼓励孩子们说："亲爱的小能手们，快快动手行动起来吧，老师要看一看哪个小能手捏得又快又好。"不一会儿，花花（化名）认真地捏出了一只栩栩如生的小老虎，大家的目光都聚集在花花的桌子前，我也好奇地朝着她的桌子望去。正当我准备走上前给孩子们一些鼓励时，却见乐乐眼疾手快，将花花放在桌子上的小老虎的腿一把抢过去攒在手里捏成一团，见状，花花哇的一下哭了起来。

此时最重要的是先安抚花花的情绪，于是我赶忙走到花花身边，轻声安慰她说："花花捏的小老虎真漂亮，乐乐一定不是故意的，老师帮花花一起再捏一个好不好？"花花的哭声渐弱，而一旁的乐乐却可怜巴巴地揪着自己的衣角，坐在凳子上不知所措。作为一名幼师，我意识到如果此时只是对乐乐进行批评教育并要求他向花花道歉，不仅不会解决问题，反而会激化孩子之间的矛盾。

事情的处理不能简单化、粗暴化，在上完课后，我连忙给乐乐的妈妈打了电话询问情况，终于了解到原来乐乐刚刚有了弟弟，家里大人这段时间由于太忙了，在很多时候难免会顾不上乐乐，乐乐便有些吃醋，所以想通过这种方式吸引大家的关注。

于是，我在课下找到乐乐，拥抱着告诉他，无论是在老师还是在父母的眼中，他都是"独一无二的小天使"，没有任何人能取代他，所有的人都还是一如既往地爱他。乐乐眨着眼睛看着我，说："可是老师，爸爸妈妈好像更喜欢弟弟。""那在你出生的时候，爸爸妈妈是不是也在一直围着你转，让你在爱与呵护中长大啊！"我轻轻拍着他解释，"因为那时的我们都特别脆弱，所以大人往往会给予更多的关注，而现在乐乐已经有弟弟了，这世界上爱你的人不仅没有少，还多了一个呢！"我看到乐乐委屈的小脸逐渐露出开心的笑容，他也主动向我提起和花花的事，并在事后主动找花花道歉和好。

阿尔弗雷德·阿德勒曾说过，永远不要粗鲁地对待儿童，而应不断地鼓励他们，不断地跟他们解释现实生活的重要意义，使他们不在现实和自己的幻想之间制造鸿沟。

身为一名幼师，我清楚地认识到每一个孩子都是善良的，也都是可爱的，他们的一些"调皮"背后恰恰都隐藏着一颗渴望被关怀的心。所以，我时刻提醒自己注意关注孩子们日常生活中的细微变化，并积极了解他们所处的家庭环境，在此基础上，选择适当的教育方式，通过给予孩子们鼓励和关爱，助力他们发现并回归自我。

二、陪伴是最长情的告白

《人民日报》的一句话给我留下了十分深刻的印象：爱一朵花，最好的方式是陪它盛开。最长情的告白，不是海誓山盟，而是陪伴。所以，爱一朵花，最好的方式是陪它经历风雨，等着它盛开。爱一个人，最好的方式是陪他走过崎岖坎坷的现在，走向美好的未来。用心陪伴，用爱浇灌，稚嫩的幼苗也会经风历雨，苗壮成长。

龙龙（化名）是个与众不同的孩子，因为身体原因，各个方面发展相较于同龄人来说都比较迟缓。不仅在学习上相对缓慢，生活上也表现出明显迟滞，甚至有时连吃饭也需要人喂。为了更好地帮助龙龙，我暗暗告诉自己一定要给予他更多的鼓励和陪伴。

有一次户外体育活动，所有小朋友都在尝试拍篮球，其他孩子很快就能掌握要领，可是龙龙却连球都握不住。看他沮丧的样子，我真心为他，也为他的家人感到心疼。我走过去抱住他，摸摸他的脑袋，用最温柔的语气安慰他："我们不要跟别的小朋友比，我们只要跟上一次的自己比，只要此刻的自己比之前的自己有进步，就是最棒的，而老师也会一直陪着你的。"虽然在一次次的失败中，我也曾感到沮丧，但肩上的责任告诉我必须坚持。在反复的练习和鼓励中，龙龙终于能够准确地拿起、拍下、接住篮球了，尽管没有其他小朋友熟练，但每一个步骤对他来说都曾是那么困难，而每一点小小的进步都让我骄傲得想要落泪。当看到龙龙自豪地拍着篮球，稚嫩的脸上洋溢着幸福的笑容时，我内心感到无比的欣慰与富足。

孩子在成长过程中最需要的就是关爱和鼓励，那会是他们小小世界里最美丽的救赎。诚然，没有哪个孩子是完美的，那些与众不同的孩子恰恰更需要呵护与关心，当他们感受到足够多的鼓励与关怀时，他们便会在爱的鼓舞下不断克服自己，不断进步，不断成长。

三、用心鼓励，焕发活力

正如伊莎贝拉·费利奥沙所言："爱和联结是每一株小幼苗最重要的养料，也永远是你能给他的最好的礼物。"对于大部分3—6岁的幼儿而言，他们正处于独立意识觉醒和性格塑造的关键时期，并且在此期间，他们的情绪波动相对来说比较大。因此，他们也需要更多的关爱和鼓励，需要教师蹲下来、走进孩子的内心，和他们一起感受成长的快乐。

丽丽（化名）是个瘦瘦小小的女孩，她从不主动去跟老师交流，每一天我都努力试图打开她的心扉，但总是只能得到只言片语的冷漠回复。我尝试走进她的家庭与家长交谈，了解到她的父母由于工作极其繁忙，很少给予她关爱，更是几乎没有和孩子一对一的交流，对幼儿园的工作也很不配合。经过反复的沟通和长期的观察，慢慢地，我越来越能理解她的不自信，我想她更需要老师的爱去感化、去融化。于是在班里，我成为那个她面前最活跃的人——"昨天回家有没有发生什么好玩的事呢？""今天你的鞋子真好看，在小朋友面前大声回答问题的你最棒了！""丽丽，你的运动能力真好！"就在我一次次的主动和鼓励下，丽丽脸上的笑容多了起来，每周回园时还会饶有兴致地跟老师分享周末的趣事，甚至路上碰见的猫猫狗狗也会和老师分享，说话变得多了起来，整个人都自信大方了很多。早上入园时，老远就听见丽丽大声喊罗老师，然后满脸笑容地向我跑过来，我的心里是温暖的、开心的和骄傲的。

正如高尔基所说："谁爱孩子，孩子就会爱谁，只有爱孩子的人才会教育孩子。"我想教育就是以真心换真心，你给予孩子爱，孩子一定可以感受到并加倍回馈给你。教师的职责不就是帮助每一个生命成为最好的自己吗？而阻碍我们对儿童发现的根源，恰恰是教师自身的固有观念，所以教育需要先从教育者自我觉察，从打破固有观念开始，用最开放、最接纳、最美好的心去发现，成就每一个生命的美好与可能。

教育是教育者和被教育者同时向善、向上的一个心理活动历程，我相信只要我们用心执着地去爱，所有的孩子都是可爱的。每一个孩子都是独一无二的，他们有自己不同的成长经历，有不同的性格，会遇到不同的挫折。但是相同的是他们每个人都是这世间最可爱的天使，他们都需要足够的爱与关怀。所以作为他们成长路上的引路人，我所需要做的就是成为那个最温暖的"小太阳"，将爱照进每一个孩子的心房，通过爱引导、教育并感化他们，和他们一起度过最美好的童年时光。

"走近"，更要"走进"

深圳市南山区华侨城世界花园幼儿园　李嘉仪

时光悄然流逝，不知不觉我进入幼教行业已经两年了。在沉默不语的时光里，我收获的不仅仅是增长的教龄，更多的是于日常工作的小事之中逐渐打磨的、从模糊到清晰的儿童观。教学过程中的几件小事，让我逐渐懂得了倾听、接纳和放手，也对教科书中的"尊重儿童"有了更深刻的理解。

一、俯身倾听，换位思考

著名苏联教育家苏霍姆林斯基说过："每个孩子都是一个世界，完全特殊的独一无二的世界。"这意味着每个孩子都有自己的小宇宙，他们都是独立的个体，他们内心的声音需要被听见。过去，我只是机械地学习教科书里的"儿童观"，明白作为一名教师应该尊重并理解孩子，在与他们对话时要蹲下来，以便拉近与孩子的距离，这些是每名幼儿教师都应该具备的基本素质。然而，一次意外的对话，促使我在面对千差万别的儿童时，有了更多、更深的思考。

案例1：花落时，我想到……

三月伊始，幼儿园庭院中两棵硕大的宫粉紫荆争相开放。孩子们对这两棵花树特别好奇，每天中午的餐后时间都会拿着小篮子去捡掉落在地上的花朵和花苞。在有风的日子里，孩子们还可以看到成片的花瓣飘落下来，每到这个时候，我们都会看得如痴如醉。

也是在这样一个普通平凡的中午，当孩子们如往常一样围在大树下捡拾这些"春天的宝藏"时，一阵微风吹拂而过，美丽的花瓣雨随之飘落。我却听到了一个小小的声音："它们肯定很难过。"循着声音望过去，是皓皓在皱着眉，他的眼神落在泥土中的宫粉紫荆花瓣上。我以为自己听错了，于是向他轻声询问："皓皓，你刚才在说什么？"皓皓看着我，又转头看看地上的花瓣，重复道："它们肯定很难过。"我很疑惑，再问道："你是说这些花瓣很难过吗？"皓皓轻轻点了点头。"为什么呢？"我继续追问。皓皓回答："因为大树就是花瓣的爸爸妈妈，离开了爸爸妈妈，这些花瓣心里肯定很难过，我的心里也很难过。"听到他的话，我的心里既震撼又心疼。震撼是因为我从来没想过原来孩子也会为一朵花的飘落而有如此丰富的愁绪；心疼是因为我想到了皓皓的爸爸妈妈工作都很忙，很少有时间陪伴他，他一定是联想到了自己和父母分离的场景，才会有这样的感受吧！皓皓的话语深深触动了我，我把这个问题带回班上和孩子们一起讨论。焘焘说："我觉得这些花苞好可怜。它们还没有开成花朵，就被风吹了下来。"舒蕾则说："花瓣离开了大树，就像离开了家人一样。"

看着眼前这些孩子，听着他们简单澄净的内心独白，我突然意识到原来视角和感受是这么的不同。花朵随风飘落，在我们成人的眼里更多的是唯美与浪漫，可是孩子们却为这些飘落凋零的花瓣和花苞感到惋惜、难过，因为花瓣离开了它们的家人，因为花苞还未曾开放。

在那一刻，我似乎看到孩子们眼里闪烁的光，我领略到"倾听"的魅力。只有当我们俯下身，抛开成人的身份和思维，用心灵贴近孩子时，才会发现他们有着与我们截然不同的想法，这些想法令我惊讶，也令我欣喜和感动。孩子的世界简单而纯粹，而我们要做到俯身倾听，换位思考却不简单。我想，唯有"用心"二字。

二、接纳孩子，看见潜能

如果说倾听让我看见了孩子们眼里的光，那么接纳则让我洞察到他们身上源源不断的潜能。教科书、专家培训和同行分享都告诉我们：身为教师，应该要接纳孩子的情绪，接纳孩子的需求。然而，扎根实践中我才深刻领悟到，我们还需要接纳孩子那些独特的，甚至在我们看来"不合常理"的想法。成人和孩子的思维方式截然不同，我们并不总能理解孩子在想什么，但这不妨碍我们去接纳和支持他们。

案例2：沙漠里有鱼吗？

区域计划分享时间，孩子们像往常一样轮流说自己的区域计划。今天天天选择的是玩沙区，我温柔地看着他，询问道："天天，今天你要去玩沙区做什么呢？"天天欢快地说："我要和泡泡一起玩儿，他负责堆一个大沙漠，我在沙漠里钓鱼。"听到这个区域计划，我的第一反应是有点蒙的，因为沙漠里没有水，怎么钓鱼？于是我又问了一遍，天天仍然坚持他的计划。看着坚定不移的天天，我问孩子们："天天说要在沙漠里钓鱼，你们认为沙漠里有鱼吗？"孩子们异口同声地回答："没有鱼。"我点点头，转过头对天天说："大家都说沙漠里没有鱼，天天，你再想一下你要做什么吧！"天天看着我，动了动嘴唇，最终什么也没说。

孩子们各自进区之后，班主任张老师过来了，她对我说："刚才你对天天说沙漠里没有鱼，我查了一下，原来有一种叫'沙漠鱼'的鱼，是生活在沙漠里的。"张老师的话刷新了我的认知，也像是一巴掌落在我的脸上，使我醍醐灌顶。尽管天天说的计划是那么的不可思议，然而现实是沙漠里确实有鱼。在这之前我只能说做到了倾听孩子的想法，但我仍然认为孩子的知识水平一定比不上老师，对于孩子独特的思考角度我也没有做到完全的接纳。

想明白这一点后，我找到天天，诚挚地向他道歉，随后问他："你是真的知道沙漠里有鱼还是想象出来的呢？"天天的声音里透着小小的激动，他说："有一次，我和爸爸看电视，电视就是这么说的。"天天继续眉飞色舞地给我科普，"沙漠里的鱼，叫作沙漠鱼，长得很小，它们生活在沙漠的小水沟里，沙漠里的水很热，但是沙漠鱼一点儿都不怕热，它们可厉害了！"那一刻，我过去根深蒂固的观念开始被瓦解，原来孩子也有可能知道一些我们成人所不知道的东西。随即，我便意识到这同样是一个让孩子们学习"沙漠鱼"的好机会，于是我征求天天的意愿："你愿意和爸爸妈妈一起查一查关于沙漠鱼的资料吗？查到了就告诉小伙伴们，因为大家都不知道原来沙漠真的有鱼呢！"天天毫不犹豫地点头同意。第二天，天天就带着他的答案回班上了，孩子们津津有味地听着。看着台上认真讲解的"小老师"天天，以及台下一双双惊奇的小眼睛，我第一次真切地感受到孩子们身上潜藏的大大能量。

从"沙漠鱼"身上，我看到天天的学习轨迹和潜能，他不仅能够记住自己所见过的事物，而且还能有条理地复述出来，这让我深感惊叹。当孩子们有时做出某件令我们感到意外的事情，或是提出某些与常人不同的想法时，我们不应该急于否定，而应该尝试着从中抽丝剥茧，挖掘背后的原因。在这些过程中，我们往往就会发现孩子身上潜藏的能力宝藏。接纳是倾听的结果，接纳也是爱和相信的体现。孩子们就像种子一样，蕴含着成长的力量，而老师的接纳则像土壤，能够为他们的发展提供滋养，帮助他们实现自己的潜力。

三、适当放手，随心而行

叶圣陶先生曾说过："教育是农业而不是工业。"工业品没有生命，农作物则恰恰相反，它们是活生生的。而我们所教育的孩子，也是一个个正在成长中的"农作物"。对于孩子们千奇百怪的想法，我们除了倾听和接纳之外，更应懂得在合适的时机给予孩子自由成长的空间，适宜支持的同时适时放手，让孩子们随心而行。

案例3：喜欢草地的小凯

记得有一篇散文这样说："每一片叶子都不同，每一片叶子都很好。"小凯在班上便是这样一片与众不同的"叶子"。我很少看到小凯与老师有亲密的互动，但集体活动时他又总喜欢和坐在旁边的小男生聊天，印象中他还曾因爬上阳台的围栏而被批评，属实是一个让老师头疼的孩子。而我对他的改观是基于一件微不足道的小事，尽管微小，却在我的心里掀起了一场惊涛骇浪。

即将放学的下午，我在给每个孩子进行离园前的整理。走到小凯面前时，我发现他的鞋子穿反了，于是我提醒他："小凯，你的鞋子穿反了哦！"小凯露出很羞怯的表情，不好意思地看着我。过了一会儿，我带着孩子们在走廊上排队放学，一眼瞟到了站在前排的小凯，他脚上的鞋子依然是反的。于是我再次提醒道："小凯，请你把鞋子换过来。"小凯看着我，没有回应，也没有动手。我看他并没有想要动手换鞋子的打算，于是走到他面前，半强迫半劝解地帮他把鞋子换了过来，之后我便心满意足地回到队伍中间。

第二天，在给孩子整理时我又看见小凯把鞋子穿反了。我像昨天一样提醒他换鞋子，小凯点了点头。在幼儿园门口等待家长时，我赫然发现小凯的鞋子依旧是反的，于是我急急忙忙把他拉到台阶上，又是半强迫地帮他把鞋子换好了。第三天、第四天依旧如此。终于，第五天时，小凯不再允许我帮他换鞋子了，每当我把手放在他的鞋子上时，他都会轻轻地把我的手拿开，用他小小的手护着他的鞋子。我正想要斥责他时，他说话了："我喜欢草地。"我一时没听清楚："什么？"小凯低低地重复道："我喜欢草地。"我很疑惑，这和他把鞋子穿反有什么关系吗？突然，我想起孩子们放学排队时，所站的地面是用绿草皮铺成的。于是我试探地问道："你想要在草地上换鞋子，对吗？"小凯看着我，毫不犹豫地点头。困扰了多日的问题，这一刻有了答案。明白了小凯拒绝换鞋子的动机后，思考着怎样做才能既实现他和草地"亲密接触"，又不会让他因穿反鞋子而难受。一个想法慢慢浮现在我的脑海里，我向小凯询问道："你现在把鞋子换过来，等会老师允许你在草地上坐一会儿，这样可以吗？"小凯半信半疑地看着我，"你起床到现在鞋子一直反着，脚会难受的哦！老师答应你的事情一定会做到的。"听到这句话，小凯终于同意了。等到了园门口，我拿出一个一分钟的小沙漏对小凯说："你现在可以到后面的草地上坐一会儿了，小沙漏漏完了你就要起来回到队伍！"小凯点点头，拿着小沙漏奔向他心心念念的绿草地。小凯离开队伍，我时不时就要看他一眼以确保他的安全。小凯发现我在看他，随即露出一个羞怯却开心的笑容。在那个笑容里，我分明看到了一种愿望得以满足的快乐和感激。

是的，我读懂了他的笑容，他感激老师允许他按照自己的想法去做。

　　虽然只是一件很微小的事情，但我的心里却很不是滋味。这个小男孩只是喜欢坐在草地上的感觉，才会故意把鞋子穿反。他想要的，不过是能够坐在草地上换鞋子而已，而我，却因为不理解而一次次地让他的愿望落空。后来，我和小凯达成一致：他起床后会把鞋子穿对，放学时可以拿着小沙漏在草地上独自待一会儿。当天晚上我和小凯妈妈解释了这件事，建议她接孩子时尽量排在家长队伍的后面，另外，我也让小凯排在小朋友的最后面，以便他有足够的时间离开队伍去享受独属于他的"小草地时间"。也因为这件事，我感觉到小凯对我亲近了很多，我们之间的距离拉近了，是心和心的距离。

　　每个孩子都是独立的个体，意味着他们会有自己的想法。在"换鞋子"事件后，我开始反思自己过去对待同类事情的态度和做法是否合适，我所以为的"为孩子好"真的让他们得到了进步，还是只是在教师权威下孩子不得已的服从呢？其实，孩子有千奇百怪的想法和喜好再正常不过了。身为教师，我们所应该做的，不仅仅是倾听和接纳他们的想法，更重要的是学会在他们成长的路上适当放手，在保证安全、不破坏规则的前提下，允许孩子按照他自己的想法去做，哪怕这个想法是我们所不能理解的。细想一下，这不正是我们所要培养的独立的人吗？

　　没有一棵树的成长不需要经历风雨，而在我专业发展的道路上，任何一次"我还做得不够好"的瞬间其实正是"让我变得更好"的契机，而这些"更好"，我认为离不开对儿童的尊重，离不开与儿童心灵的贴近，离不开对儿童的倾听、接纳与放手。我们常说要"走近"儿童，在我看来，我们更应"走进"儿童，把自己变成一个孩子，才能真正拉近与孩子的距离。教育无声，也许现在的我在幼儿教育的路上还做不到"润物细无声"，但我相信，风雨过后总会有阳光，而我，也总能长成一棵树的模样。

小手相牵，与爱"童行"

深圳市南山区教育幼儿园　覃昊

"你真的到幼儿园工作了吗？"

"幼儿园带班很辛苦的吧？"

"在幼儿园不就是'看着孩子'而已吗？"

……

作为一名研究生毕业的"高学历"教师，进入幼儿园一线工作后，我常常会被问到以上问题，询问者语气中还会带着些许不易察觉的无奈或难以置信。一开始我还试图解释学前教育的科学性和重要性，后来我更多的是微笑，然后坚定地说："是的，我在幼儿园一线工作，我很喜欢跟孩子们在一起！"

回望本硕7年、工作近1年的历程，我仿佛在学前教育这个领域已经浸润了很久，但关于成为一名幼儿教师这个想法，并不是从一而终的。

一、选择

外婆回忆起我的小时候，说幼儿园的我就开始在家里扮演老师，大人逗我说"长大是不是想当老师？"我羞赧一笑没有否认，原来当一名教师的梦想种子早早就在我幼小的心里种下了。2013年9月，我刚升入高三，那时，距离《3—6岁儿童学习与发展指南》颁布还不满一年，整个中国大地的学前教育正在开始进行一场自上而下的科学革新。这一年，家里的小姨成为一名公立幼儿园的教师，她坚定地认为学前教育领域未来大有可为，向我推荐未来的专业方向。2014年6月，我在志愿填报系统上果断地选择了学前教育专业，我与学前教育的故事真正拉开序幕。

在那时候，进入一本学校学习学前教育专业依旧不是个被大多数人理解的选择。我很幸运遇到了侯丽敏老师，一位有智慧、有格局、有信念的优秀教授，除了她渊博的学识，她对学前教育爱得深沉的情怀更是深深影响了我，在众人都不重视学前教育专业的年代，侯老师却坚定地选择了它，并躬耕研究几十年。在学前教育专业一众老师的引领下，我发现了原来成人习以为常的婴幼儿行为的背后蕴含了如此多的学习和发展规律；原来幼儿园一日生活活动中每一个环节都蕴含了如此多的教育意义；原来掌握科学的教育理念真的很重要。那时的自己，坚定地相信以后一定会成为一名优秀的幼儿教师。

二、转折

大四下学期，我开始了第一次真正意义上的幼儿园实习，为期两个月。我怀着激动的心情走进幼儿园，但这段经历却改变了我接下来的选择。

在两个月的实习中，我所在的实习班级班主任是一名拥有20多年教学经历的经验型老教师，在日常的班级教学中，习惯以命令的方式来管理班级。在实习过程中，由于缺乏实践经验，孩子们天然的活泼、好奇、好动的特性也让我无法招架。以上种种，让我在两个月的实习过程中感到非常难熬。这也让我反思，目前我所储备的知识其实远远不足以应对教育实践中出现的问题，自身实力还不能有效地帮助幼儿得到更有针对性的成长。同时，我对幼儿教师的教育行为也产生了研究兴趣，于是，我想要选择继续读研深造。

读研后，我发现，在学前课程、幼儿心理的研究领域，远离幼儿园、远离幼儿是万万不可取的，因为研究就是要解决最真实的教育实践中存在的问题，只有深入一线才能发现问题，进行真研究。在幼儿园收集研究数据期间，我遇到了张老师，一个脸上时常带着笑容、充满童趣的老教师，她非常能共情孩子，对孩子提出的各种新奇想法都能给予肯定。从张老师的教育行为中，我看到了"放轻松"的魔力，对孩子们放松点儿，童年只有一次，珍视这个时期最珍贵的童真和创造；对老师放松点儿，轻松的老师才能营造最适宜的教育氛围。不仅如此，在研究生学习期间，我专攻幼儿心理发展与教育领域，涉猎了大量的儿童心理发展与教育的案例与理论研究，充足的知识储备也让我对未来的教育道路有了一定的信心和底气。

三、扎根

褪去青涩的学生身份，我如愿成为一名幼儿教师。可为师方知为师难啊！从教育环境的创设到幼儿午睡床位的安排，从一日生活的有效观察到幼儿进食的引导，方方面面，事无巨细，都渗透着教师的耐心和细心，也考验着新手教师的教学机智。当教育工作的烦琐"遇上"缺乏经验的新教师时，我才深刻体会到实际教育工作的压力。

求学时期进行的科研训练习得的求真与严谨思维，同样能帮助我在教育实践中观察幼儿的真实行为表现、洞悉幼儿背后的发展情况，从而采取相应的教学措施支持幼儿的发展。在班级的积木区域游戏中，念念、伊宝和远远三个好朋友选择共同搭建一个动物园，我观察到，三个小朋友能把动物园划分为食草动物区、食肉动物区和杂食动物区，并且还能将蜘蛛、蝴蝶等动物归置到墙上。而后三个小朋友还就动物园的平稳运行进行分工合作，远远作为男生，承担起动物园的安保职责，念念则负责在门口售卖门票，伊宝是动物管家，会按时给动物喂食。事后分析复盘三个小朋友的游戏行为，他们对动物的习性分类以及动物园的基本运营已有了大致的了解，但对少数动物的习性并没有正确理解。结合更全面的观察发现，这三个小朋友具备了良好的合作能力，但在三人小组外的合作中，他们并不热衷参与。因此，我提供了动物食性分类的科普视频，并鼓励他们按照更多不同的标准给动物分类。鼓励伊宝和远远当小组长，带领更多的小朋友共同参与游戏。随着幼儿游戏的一步步深化，我越来越惊喜于孩子们的创意和发展，也体会到"为人师者"的快乐。

　　喜欢—退缩放弃—重拾信心—勇于面对，回首我的学前教育生涯，可谓一波三折、起起伏伏。如今的我，褪去了青涩稚嫩，将会更有信心成为一名心中有儿童、具备科学教育观念的新时代幼儿教师。我想，这段经历或许可以回应高学历教师进入学前教育一线的教育实践中的意义，作为一名幼儿教师，我们不仅要有爱心、有耐心，也需要结合理论给予每一个孩子更有针对性的支持和帮助。在未来的教育实践中，我也将不断提升自己，为每一个孩子的未来注入更多可能性。牵起孩子们的小手，我们共同成长，与爱同行。

课程实践中的所思所悟

深圳市南山区天鹅湖幼儿园　　刘焕希

时光飞逝，转眼间，我在工作岗位上已经度过了一年半，逐渐告别往昔那个懵懂无知的自己。工作至今，我摸索尝试了各种教学办法，试图寻找到适合自己也适合幼儿的教育，而这一路上的探索离不开孩子、主班和领导的支持。孩子对我说："你跟着我，我教你。"让我开始反思课程。主班对我说："试试吧，有需要我配合你。"让我有了强有力的后援。领导对我说："可以试一试，失败了就当作积累经验。"让我没有了探索失败的后顾之忧。

一、想做，兴趣为导

在一次户外活动中，班上的一个小男孩攀爬上了一根大概一米高的柱子，然后站着跳下来，我看见后说："快下来，你还是用趴着翻的方法或者弯腰穿过去比较好。"他愣住了，有点失望地看着我，并严厉地说："刘老师，我觉得你真的不像个男子汉，这也不敢。你跟着我，我教你。"他的这一番话让我醍醐灌顶，我开始意识到自己出现了问题。虽然我对理论知识耳熟能详，例如，幼儿是学习的主体、相信幼儿、游戏中学习等，但是在实际教学中，我有没有真正做到知行合一呢？

从课程的角度出发，我开始思考什么样的教学能够让幼儿"想做、能做和敢做"。首先需要解决的是想做的问题，结合园内课程，我开始思考项目活动和主题活动两者之间的关系，并在同事的帮助下，对这两种活动背景下的四个班级的幼儿进行采访，询问他们对开展活动的满意程度。结果发现，主题活动中的幼儿在参与度和期待值上明显高于项目活动中的幼儿，而项目活动中的幼儿在深度学习方面整体强于主题活动中的幼儿。兴趣作为孩子们的重要内驱力，是支持教学活动正常开展的重要保证，也是我开展活动的依据。为何主题活动更容易吸引幼儿的兴趣呢？究其原因，我觉得可能和主题的选题有关：一般而言，主题会围绕幼儿能够感知的事物展开，如节日、水果、动物等。这些主题是贴近幼儿生活的，且始终围绕某个特定话题开展活动，所以活动有着各自独特的趣味性，又不失活动之间的连贯性。正如陶行知所说的"一日生活皆课程"，主题活动最能吸引幼儿的兴趣，这就解决了"想做"这一问题。

但是，活动光有广度还不够，还需要解决深度的问题。在主题活动中，如何才能促进幼儿的深度学习呢？正当我愁眉不展的时候，STEM活动出现在我的视野中。STEM活动侧重于培养幼儿解决问题的能力，主张通过整合科学、技术、工程或数学等学科知识去解决问题，实现跨越学科界限、从多学科知识综合应用的角度提高幼儿解决实际问题的能力。若把主题活动与STEM活动两者融合不就正好解决了学习的广度和深度问题吗？

近些年来，不论是国家还是地方都陆续出台了有关STEM的政策文件，可见STEM教育的重要性，但要把STEM教育本土化，还需从课程创设的角度入手。我国大多数幼儿园课程以主题活动为主，主题活动具有包容性强的特点，能够较好地融合STEM活动。利用主题活动的情境性，可以为开展STEM活动打下基石；利用主题活动的全面性，可以丰富STEM活动的内涵。两种课程的融合不仅能够更加有效地将不同领域知识形成串联和整合，还体现幼儿本位的思想，体现活动的真实性和趣味性。除此之外，STEM主题活动在人员参与、主题来源、活动内容上也更具开放性，实施起来更加灵活，课程内容也更加多元，在解决问题的过程中还能有效地促进幼儿合作意识的发展。

二、能做，合理分析

想法虽好，但我却迟迟不敢开展，直到与主班围绕着班级教学开展了一次讨论。讨论中，我怀着忐忑的心情与主班阐述了我的构想。没想到，主班对我的想法表示全力支持，并表示她将会承担更多的班级工作，以便让我有精力将想法诉诸实践。于是，接下来的整个周末，我都在进行融合主题活动与STEM活动的设计。当我满怀信心地把计划给主班后，主班却给了我当头一棒：

"这是你想的，还是小朋友想的？你所设计的问题真的会出现吗？幼儿参与了吗？"我一时哑口无言，我看着那看似完美的计划，却再一次惊觉自己没有做到知行合一，没有真正地将尊重幼儿的理论落实到行动计划。

为了解决"能做"的问题，我对有关内容的专业书籍、论文、杂志等进行了阅读总结。首先，可以利用主题活动的特性，围绕某一话题引导孩子们运用发散性思维展开讨论，让孩子们说出这一主题下的关联词，并提出由关联词可以开展的活动。由于这些活动是由孩子们提出的，所以孩子们对即将进行的活动都充满好奇与期待。其次，在与孩子讨论结束后，我要对孩子们说出的关联词进行分类与筛选，思考该年龄阶段幼儿的发展水平，寻找其最近发展区，并思考关联活动是否具有支持幼儿发展的价值。最后，我推翻了之前预设STEM活动的做法，而是利用STEM活动的生成性、真实性与情境性，让孩子们在主题活动的真实情境中去自主发现和解决问题。在重新整理思路后，我向主班解释我是如何把主题活动与STEM活动进行结合的，主班对我说："试试吧，有需要我配合你。"我感到由衷的自豪和感恩。事不宜迟，第二天，我们就围绕着"动物朋友"这一主题与班上（大班）的幼儿展开了讨论，并根据关联词进行分类，划分为"我喜欢的动物""不一样的动物""动物的秘密""保护动物"四个板块，每个板块下都有子活动，如在"保护动物"板块下有"文明遛狗""垃圾分类""海洋保护""小鸟的家"等活动。

这简单的一句话"试试吧，有需要我配合你"却似千万暖流，让我勇敢地迈出第一步，正是这次日常的教学讨论让我的"想做"变成内驱力，促使我不断思考与学习，让想法最终"能做"。

三、敢做，多方支持

在开展"鸡蛋宝宝"活动时，小朋友问："如果我们把鸡蛋放在身上，是不是也能孵出小鸡呢？"其他孩子一听，都来了兴趣，纷纷分享着自己的观点。孩子们兴致正浓，我想，不如就让孩子们在实践中验证自己的想法吧，于是随即开展"孵化鸡蛋"的活动，鼓励孩子尝试自己孵化小鸡。教室里时不时传来"砰"的声音，孩子们手里、怀里的鸡蛋也因各种原因被摔破。正当我想宣布此次"孵化鸡蛋"结束时，领导来查班了。

领导拿着周计划对我说："小刘，你们在做什么活动啊？这么热闹！最近户外场地阿姨的身影似乎变多了。"怎么办？我没有按照周计划开展活动，也没有跟领导提前报备自己开展的活动，看来要被批评了。"敢做"不光是幼儿要勇于尝试，教师也要有"敢做"的决心。因为STEM活动不是我们园开展的园本课程，所以我小心翼翼地跟领导进行着解释，并汇报着开展的情况。领导听后说："只要你觉得是对孩子有用的东西，可以试一试，失败了就当作积累经验，但你的STEM活动似乎还没开展，这样吧，我让教研员进班。"我悬着的心放下了。

主题活动开展得很顺利，但我还是对STEM活动的有关概念和具体实操感到迷茫。正当我陷入困境时，教研员对我伸出了援助之手。教研员进班后与我进行了针对STEM活动的探讨，当听到教研员关于创设真实情境问题的建议时，我脑中灵光一现，突然意识到，现在孩子们不就遇到了鸡蛋会被摔破的真实问题吗？这不就是STEM活动的开展契机吗？接下来，我们围绕着"如何保护鸡蛋不摔破"，与孩子开展了新一轮探讨，并获得了孩子们五花八门的回答，例如，"给鸡蛋装一个降落伞""把衣服塞进裤子里然后把鸡蛋放衣服里""放手里然后涂胶水"等等。讨论后的第二天，孩子们又带来了鸡蛋，并验证着各自的方法，但大部分幼儿都是使用较为便捷的方法，如放衣服里裹紧点儿、放在袋子里挂在脖子上、用纸巾裹很多层。我问道："不是有小朋友想做降落伞和保护罩吗？成功了吗？"那几个提出想法的孩子沉默了，小脸上写满着大大的疑惑说："老师我不会做，我怕保护罩破了，那我的蛋宝宝也会坏掉。"

听到这个答案，我意识到活动进入停滞状态，并开始思考：怎样才能让幼儿"敢做"呢？教研员提醒我可以从支持策略入手，在对园内的成熟案例以及自身的教学进行反思后，我认为可以从物质支持和非物质支持入手：物质支持上，我在班上购买了鸡蛋、护角条、防撞海绵胶带、塑料袋等，并在班级内的一块墙面上进行了有关防撞的环境创设。孩子处于具体形象思维阶段，因此他们的探索更依赖于具体实物。随着实物的投放，孩子们的探索兴趣再次高涨，纷纷用不同材料进行着验证。除此之外，我还在活动中用非物质支持，如表扬、鼓励等。例如，当有的孩子尝试使用胶水、白乳胶、双面胶等粘贴固定海绵和鸡蛋时，有一个幼儿拿了轻黏土并看向我，我微笑着点头回应着这个幼儿，随后该幼儿又拿来了更多的粘贴材料，我说："乐乐小朋友能够开动脑筋，不放弃，一直在寻找合适的粘贴工具，非常棒！"听到我的鼓励，其余的孩子也干劲十足，开始从使用单一材料到勇于尝试多种材料。到了活动后期，有些保护装置已经能够保护一米左右落下的鸡蛋。但即使这样，我们依然还在测试改进着更加有效的办法，活动的深度也在不断加深，师幼双方也在不断成长。

没有最好的课程，只有适合的课程，教育的目的就是促进学习者的发展。"想做"改变了我的课程观，开始让我意识到兴趣才是幼儿最好的伙伴；"能做"促进了我的专业发展，让我学会分析主题活动和STEM活动的合理性；"敢做"提升了我的自信心，让我能够通过多方面的支持来促进幼儿的发展。作为幼儿发展的支持者，我们要"想做、能做和敢做"，尝试接触新领域和新内容，为幼儿的成长提供帮助。希望我们能够坚守本心，砥砺前行。

舞台背后：藕王的逆袭与教育的奇迹

深圳市南山区华侨城世界花园幼儿园　黄加兰

　　"出了城门往正东，一园青菜绿葱葱。最近几天没人问，他们个个成了精……"每当熟悉的童谣响起，仿佛又踏入了小剧场，看到了孩子们妙趣的演绎——那是我从事幼儿教育的第7个年头。每到新学期，作为班主任，我都要为班级精心准备主题活动。这不仅需要充分的前期准备，也要与孩子们展开头脑风暴，共同打磨出一颗独特的主题"明珠"。

　　在前期，我穷尽心思查阅资料，钻研《一园青菜成了精》绘本的深层内涵：这个故事以北方的悠扬民谣为背景，巧妙地融入丰富的中国元素。书中通过生动的情节，把各色蔬菜的独特个性融入一场战斗，让自然认知变得形象可爱，画面十分生动有趣，读来也朗朗上口。这恰恰迎合孩子们热衷幻想的心理特点，于是，《一园青菜成了精》绘本便成为班级这学期的主题内容，基于此，我们计划构建一套班级体验式表演课程。对我而言，在

幼儿教师专业成长中的
关键事件

深圳这个南方城市，带领一群四岁的孩子展开一场追寻北方文化的戏剧之旅，不仅仅是一次普通的课程活动，更是一场文化的交融，其中必然需要我着力引导孩子们打开更多认知世界的方式。但实际上，却是孩子们为我提供了一场独特的体验，拓展了我对他们、对儿童的认识，也让我深感教育的真正魅力。

一、舞台上的英雄：藕王的逆境逆袭

在构建班级体验式表演课程的过程中，我深入挖掘孩子们的前期经验和年龄特点，精心准备了一学期的主题活动方案，并通过制定课程预设思维导图等一系列辅助措施，希望为孩子们带来一场富有创意和深度的学习之旅。"一园青菜成了精"主题活动按部就班地开展着，无惊也无喜。

在孩子们选择角色扮演时，一件意想不到的事情发生了：没有一个孩子愿意扮演藕王。这个角色在故事中虽然关键，但似乎缺乏足够的魅力吸引这些年幼的心灵。我试图用各种方式描述藕王的智慧和勇气，甚至强调它在故事中的独特性，但孩子们的眼神中依旧没有兴奋的火花。对于扮演一个在故事中似乎总是处于下风的角色并不感兴趣。餐后活动中，妍如小朋友提出了一个问题："藕王应该最厉害，可是它为什么会被打败呢？"一句轻飘飘的话就像大石子落入海里溅起了无数浪花，孩子们众说纷纭，景熙认为"藕王这么聪明，最后应该会杀个回马枪，把绿头萝卜打败了"，余皓则猜测"会不会有可能土豆来当救世主拯救了世界，最后是土豆称王了"，米琳说："错了错了！你们说得都不对，明明是红头萝卜赢了。"趁着孩子们感兴趣话题的这股东风，纸上谈兵不如切身体会，让孩子体验角色，融入角色，演绎角色！

"一园青菜成了精"活动

事件	幼儿反应	教师分析与支持策略
提议一： 藕王夺位 成功称王	1.景熙说："藕王这么聪明，最后应该会杀个回马枪，把绿头萝卜打败了。" 2.妍如说："既然藕王想造反，肯定是做好准备才造反的。"对此提议有五分之二的小朋友表示支持	幼儿对原结局的不同意，既是他们自我思想的觉悟，也是他们自我表达的方式。 1.在班级创设小剧场让孩子们小范围地体验。 2.引导孩子们利用自身创造性的表演去感受表演带来的乐趣
提议二： 藕王战败	五分之二的小朋友选择按部就班地按照原本绘本剧情演绎：红头萝卜最后成功把藕王打败了	按部就班是我们固化思想下的常规操作，不出众即不出错。 1.在班级表演区投放音频和部分服装。 2.投放故事投影盒子，让孩子们初步地按照剧本去体验剧情的变化和角色的细节。 3.不限制孩子自由演绎、装扮角色
提议三： 土豆来当 救世主	1.余皓提议："会不会有可能土豆来当救世主拯救了世界，最后是土豆称王了。" 2.有五分之一的小朋友对此表示支持，这样大家就不用打仗了！	对于中班上学期的小朋友而言，这种体验式表演课程本身的难度就很大，没有基础剧情的奠基，再难上加难。 1.鼓励幼儿自主选择剧本并改编、表演。 2.调动孩子们的表现力、洞察力和情绪渲染力。 3.让孩子们能随着《一园青菜成了精》改编版的剧本展开产生喜悦、担忧等相应的情绪反应

二、小小演员的大世界：青菜精的百变世界

在这个充满创意的表演课程中，幼儿的每一句话、每一个动作都蕴含了无限的可能。我该抓住幼儿哪些言语为教育契机，融入课程展开探究，使得课程更儿童化、多元化呢？雅茜小朋友的一个问题——"黄老师，每个角色我们都很喜欢，我们能按照自己的想法去演青菜精吗？"让我突然意识到，每个孩子心中都有一个独特的世界，他们对故事的理解和表达都是独一无二的。因此，我决定让孩子们按照自己的理解去演绎青菜精，让每个孩子都成为自己故事的讲述者。前期，经过在班级区域或小剧场里一系列的体验式表演，幼儿思维的宽度、深度、灵活性和流畅性得到了全面的拓展，基于这些体验，我与幼儿一起商讨出下一步方案。

1. 确定表演大主题

在孩子们的自由探索中，他们对于"青菜精"的理解各不相同。有的孩子看到了青菜精的勇敢，有的孩子感受到了青菜精的智慧，还有的孩子被青菜精的团结感动。因此，我决定将表演的大主题定为"青菜精的百变世界"，让每个孩子都可以从自己的角度出发，以展现青菜精的不同面貌。

2. 引导幼儿全身心投入演绎

为了让孩子们更好地表达自己的理解，我鼓励他们全身心地去感受角色、体验情感。通过角色扮演游戏、情感表达练习等方式，我帮助孩子们建立角色与自我之间的联系，让他们在表演中

自然流露真实的情感。

3. 创设环境

孩子们沉浸式的表演，需要一个精心设计的环境。三维空间的布置、舞美设计的巧妙运用、场地场务布置的精心安排，每个细节都旨在打造一个让孩子们尽情展现自我的舞台。

4. 专业准备

为了让孩子们获得更专业的表演体验，我还准备了自制的表演服装、原创的音乐剪辑以及专业的摄像录影。孩子们的表演在专业化的支持下更加生动、真实，他们的努力和才华也得到了更好的展现。

通过这样多环节的引导和准备，孩子们不仅获得了表演体验，更在心灵上得到了充分的滋养。他们在表演中不断探索、尝试、表达，每一次表演都是一次全新的自我发现。环境的创设、服装的准备、音乐的选择，每一个环节都在无声地影响着孩子们，让他们在这个过程中感受到了成长的快乐，体验到了创造的力量。这不仅是一次表演的体验，更是一次心灵的触碰，一次思维的飞跃。它的价值不仅体现在表演的精彩程度上，更体现在孩子们在这个过程中的成长和变化。这是我们班的宝贵课程，也是每个孩子心中的宝贵记忆。

三、教育的舞台：儿童心中的无限可能

体验式表演课程如同一扇连接着儿童内心世界的大门，一个好的绘本故事则是播撒在孩子心田的种子，悄然生根，茁壮成

长。选择《一园青菜成了精》作为体验式课程的起点，不断接受挑战，都是走向儿童的必经之路。课程探索中，我曾毫无头绪，也曾难以抉择，是着重戏剧生命科学还是中国文化？想法翻来覆去却终究无解。我只能在探究课程这条道路上继续前行，这何尝不是真正的"探究"呢。

透过《一园青菜成了精》，我看到孩子们的独特视角和无限创造力。他们不仅明白了如何表演，更重要的是，他们学会了如何用自己的方式理解和表达这个世界。在"藕王不会被打败"的故事中，孩子们对藕王角色的多样理解，让我认识到每个孩子都是一个独立的个体，他们的思考和感受是如此特别和宝贵。在"青菜精们有自己的理解"这一故事中，孩子们展示的自主表达和创造性表演，更让我深刻地体会到儿童的主体性和创造力。这两个故事不仅是一次表演的过程，也是一次教育的契机，更是一次儿童主导、儿童参与的创造过程。它们丰富了我的教育内容，改变了我的教育理念，让我明白教育不仅是知识的传授，更是引导儿童发现自我、表达自我的过程。

虞永平教授说过："课程就在儿童的生活中，就在儿童的行动里。"作为教师，我们要学会抓住幼儿言语为教育契机，使课程更儿童化、多元化。在实践中我关注区域与主题的紧密融合，让他们在小剧场、表演区、语言区等活动中能有所动、有所想、有所思、有所悟、有所体验，获得最优的发展。这是一种以儿童为中心的教育理念，它强调儿童的主体性，尊重儿童的想法和感受，鼓励儿童参与和创造。正是这种理念丰富了我的教育生涯，让我在教育的道路上不断探索和前行。

通过这些思考，我更加坚信，教育的真正价值在于激发和培养每个孩子的潜能，让他们在自己的学习和成长过程中发挥主体作用。这次体验式表演课程，不仅见证了孩子们的学习和成长，也见证了我作为教育者的理念转变和成长。这是我从教生涯中宝贵的财富，也是我在教育道路上继续探索和前行的动力。

我与"夏天"的二三事

——反思助力教师专业成长

深圳市南山区华侨城世界花园幼儿园　谢成雁

步入2023年，我已从教一年半，也从一位新手教师逐渐走向成熟。在新学期开始时，一件"棘手"的事件给我留下了深刻的印象，不仅转变了我的教育观，也让我意识到"反思"对于一名幼儿教师专业成长的重要性。

一、大家都在喊"夏天"

新学期伊始，孩子们带着不同的情绪走入中班下学期，有的孩子脸上洋溢着笑容，有的孩子脸上挂着泪珠，唯有我们班一个叫"夏天"的女孩子一脸平静，只是默默地坐在自己的位置上。随着时间的推移，孩子们很快适应了新学期幼儿园的生活，班级常规也步入正轨，一切都井然有序、平静自然。

但这份平静并没有维持很久，一句"夏天"犹如一颗抛入湖中的石子，霎时打破了平静，在班上泛起了"涟漪"。喊叫声平息后，很快有小朋友来到我的面前告状，原来是夏天插队了。我简单地对夏天进行了教育，让孩子们各自去玩儿。然而，这种简单的说教并没有起多大作用，很快班级里的孩子接二连三地喊着："夏天！"这次是因为夏天抢走了玩具。我把夏天请到一边，让她坐在椅子上，然而我与她细谈时，她始终保持沉默，一脸茫然，仿佛刚刚抢玩具的并不是她。在她点头答应我不再抢玩具后，我让她重新进入区域玩耍。

接下来的几天里，班级里此起彼伏地响起"夏天"的名字，我十分头疼，只能更加留意夏天的一举一动。只有在我的注视下，夏天才会把抢来的玩具还给别人，但只要我一转身，她马上又会去抢走。一次又一次的耐心交谈像是拳头打在棉花上，没有一点点回音，她还是一再反复着插队、推人、抢玩具这些行为，没有丝毫改善的迹象。

终于有一天，一声声"夏天"不再是"涟漪"，而是宛如"惊涛骇浪"，彻底冲走了我的耐心。我强压着心中的怒火，严肃地将夏天请出来，认真与她交谈。这一天，我的愤怒在身体里野蛮地生长……

二、在困惑中深刻反思

当我静下心来反思自己是如何处理这件事时，我意识到自己的情绪被孩子牵着走了，这在教育中是十分"危险"的。在面对夏天的种种问题时，我只是着急地进行了简单的说教，而从夏天的行为变化上看，这明显是苍白无力的，面对夏天的问题，我只看到了浅显的表面，没有去深挖问题背后的原因，所以问题往往得不到解决。反思自己，我对夏天的了解又有多少呢？回顾夏天的种种行为，我发现她插队、推人、抢玩具这几种行为总是针对着一个幼儿发生，这个幼儿是夏天在班上最好的朋友——诗诗，既然是最好的朋友，为什么夏天会这样对待她呢？当一个个问号出现在我的脑海中时，我决心一探究竟。

我首先回顾了我对夏天的了解，因她长期请病假，我们的接触并不算特别多，对她的了解也不够深入。回想在小班时的情况，她不怎么爱说话，经常一个人坐着玩玩具，也偶尔有过抢玩具的情况，但是并不多。我特别记得有一次午睡时，她突然喊着："小坏蛋！"然后一巴掌拍在了旁边的小朋友身上。细细思来，原来一切都有迹可循，只不过是情况愈演愈烈，在中班下学期爆发了出来而已。

为了了解夏天为什么频繁和好朋友发生冲突，我把两个孩子单独叫出来，我们围坐成一个圈，我以一种轻松的口吻与她们交谈起插队的事情。诗诗率先说出事情的经过，原来是两个人在比谁先排队，夏天慢了一步，但是又想得第一，所以才有了插队的行为。面对冲突，夏天习惯以推人、打人这些攻击性行为来解决问题。关于抢玩具行为，夏天的解释是：想和诗诗玩儿，好朋友就应该分享。

在反思过后，结合日常观察与交谈，我发现夏天在社会交往方面的能力是相对欠缺的，并且常常伴随着攻击性行为。面对夏天的这些问题，我该做些什么呢？我开始回忆起大学时学到的理论知识，并查阅相关书籍，同时在网上寻找有用的资料。在有一定的知识储备后，我一一列出了可实施的办法，并决定在实践中尝试、总结和反思，看看能否找到有效的办法。

三、在反思中践行教育

走近夏天，在欣赏中助力成长。我对夏天的关注更多了，早晨她入园时，我总会开心地和她打招呼。在她进行区域计划时，我也会有意与她多聊几句。在区域活动时，只要有机会，我就会进到她所在的区域里。一日生活中，当她偶尔敞开心扉和我分享她回家后的生活时，我会耐心倾听，再适时地追问。经过一段时间的相处，我发现夏天的身上有许多闪光点，也发现原来沉默的她也可以是"小话痨"。每当我发现夏天的攻击性行为减少了，有了点滴进步，我就会在大家面前毫不吝啬地表扬她，希望能强化她的亲社会行为。

借力集体活动，集思广益解难题。在集体活动中，我让孩子们找找自己好朋友的优点有哪些，帮助孩子们看到彼此的优点。我将夏天的优点与班级其他孩子分享，帮助夏天与其他孩子建立积极的同伴关系。在一次集体活动中，我还利用手偶模拟夏天与诗诗发生冲突时的情景，请全班孩子帮忙想办法，友好地解决冲突。夏天对这次集体活动十分感兴趣，也参与进来一起讨论。我想，在这样轻松而有趣的教育方式下，夏天应该是有所收获的。在集体活动中，我还与孩子们一起探究什么是"分享"。当我们把问题抛给孩子时，我们往往会收获许多意想不到的答案，借助孩子们的力量，许多问题也会迎刃而解。

以绘本为切入点，抓住教育契机。一本好的绘本，有时就像一位好老师，给孩子积极的影响。不论是夏天与诗诗，还是班级的其他小朋友，都会因为争先而闹出一些不愉快，比如插队、受伤、吵架。当班级出现这样的问题时，除了与孩子们探讨有效的解决办法外，我还给孩子们带来《我先！我先！》《排队啦，排队啦》等绘本，在有趣的绘本中，孩子们也会领会到绘本中蕴含的道理。以绘本为切入点，着手解决教育难题，往往能起到事半功倍的效果。

家园共育，架起成长的桥梁。在看到夏天的问题时，我没有选择孤军奋战，而是联系教育道路上的强有力队友——家长。在与夏天妈妈的沟通中，我了解到夏天妈妈常常是一个人带着夏天玩儿，很少让夏天与其他小朋友交往。于是，我和夏天妈妈分享了幼儿社会性发展的重要性，并一起商量有哪些场合和机会可以更多地带着夏天"找朋友"，以促进夏天的同伴交往能力。我还得知夏天妈妈与夏天的相处中也有许多"暴力"行为，久而久之，夏天也学会了用"暴力"来解决问题。在意识到事情的严重性后，夏天妈妈也表示会改变教育方式，给孩子做一个好榜样。

四、在教育中窥见成长

不知从何时开始，夏天有了许多变化。那个爱插队、爱推人、爱抢玩具的夏天不见了，取而代之的是在班上时时提醒别人遵守规则的夏天，与好朋友友好相处的夏天，开朗爱笑的夏天。夏天是何时已悄然成长了呢？也许是在我向她一步步靠近的时候，也许是在集体活动中，也许是在讲绘本故事的时候，也许是夏天妈妈改变教育方式的时候，也许是……

不知从何时开始，我也有了许多变化。当我看见夏天的成长时，我切身体会到了教育的意义。当那个不爱被别人触碰的夏天悄悄从背后将我抱紧时，我的泪水悄然湿了眼眶，我收获了来自夏天满满的爱意。当夏天妈妈告诉我夏天每天放学都要在幼儿园门口多看我几眼时，我感动无比，成就感满满。在自我成长的道路上，我少了一分埋怨，多了一分理解；少了一分自卑，多了一分自信；少了一分急躁，多了一分反思。

每一次反思后我都会更了解夏天，也更意识到自己的局限。而反思后的再次实践，也总是能让我和夏天逐渐靠近、悄然成长。在教育的旅程中，因为有了反思，才能让一件件"棘手"的事件变成教育的契机。反思对于每一位教师来说都是不可或缺的，在反思中我们会找到更好的前进方向，朝着那个方向不断前进，不断钻研，成为更专业的自己。

不"特殊"的泓泓与运动会

深圳市南山区华侨城世界花园幼儿园   陈园

考大学时，因为心仪的专业已经录满，我被调剂到学前教育专业，这个"阴差阳错"的安排让我对未来的道路感到迷茫。在校期间，我对这个专业并没有太多的热情，对孩子的了解也仅限于书本知识。工作后，每天从事重复性的简单工作，也很难让我有成就感。如同许多的职场新人一样，我也时常会思考：学前教育的价值到底是什么？

直到我开始深入研究一个名叫泓泓的孩子，我才真正认识到学前教育的深层价值。通过与泓泓的接触，我看到了父母对于孩子最初的期望，也看到了一个"慢脚步"的孩子在家园共同努力下，一步一个脚印跟上同伴的步伐。在我的参与和引导下，泓泓有了许多变化。或许对于他整个人生来说，融入集体生活的过程是微不足道的一小步，却是我这个新手教师所能做到的全部。为了更好地与泓泓相处，我也不断寻求专业知识和经验的积累。我请教了学习特殊教育的同学、老师，翻阅了许多专业书籍。结合书上的内容与实际情况，我不断调整策略，慢慢引导泓泓。于是，我成为他面向集体的影子，他也成为我通往专业发展之路上的光。

一、一个"不特殊"的故事

（一）入园："特殊"的泓泓

刚入职的班上，有一个语言发育迟缓的小朋友叫作泓泓。小班刚入园时，我们发现泓泓除了喊爸爸妈妈基本上不说话，与他家长沟通以后发现，家长带泓泓去医院就诊过，发现泓泓语言方面存在问题。2022年，泓泓的心理筛查报告显示，他可能存在社交和语言能力偏离：在社交方面表现出不合群，不能与同伴进行良好互动；在语言方面，则是存在表达落后，基本上只会说无意义的音节"啊啊""呜呜"等。

到了中班下学期，关于不合群等社交方面的问题，泓泓基本上没有表现出与同龄人有很大差异，他开始尝试和同伴一起玩儿，会主动听指令做出动作，但是还存在不能说出有意义的词汇和行为情绪化的情况。例如，遇到不开心的事情，他无法清楚地表述，父母和老师没办法帮他排解这些不良情绪，于是他会产生不明原因的哭泣和捂脸等行为。

（二）运动会：不出场的泓泓

到了大班上学期，园所举办了春季运动会，我们班级进行了好几次排练，但是泓泓都没有正式参与进来。有时他会自己跑到附近的场地去转圈圈，这里看看那里看看；有时他又自己在队伍的旁边跑来跑去，不愿回到队伍中去，甚至有时候，泓泓会一个人在旁边哭得很大声，大家都找不到他突然情绪爆发的原因，也无法帮助他走出负面情绪，只能等他自己平复。因此，我们开始考虑，轮到我们班小朋友出场时，要不要带上泓泓？他是否可以参与到运动会的各项运动中？通过和班级老师互相交流泓泓现阶段的行为表现，在班级内部讨论出以下三点可能的做法：

做法一：不让泓泓参与运动会，由一位班级老师专门牵住泓泓，避免他误入运动会场地，打扰运动会的正常进行，同时确保他的安全，避免被运动中的小朋友误伤。

做法二：邀请泓泓妈妈来园观看运动会，请泓泓妈妈看好泓泓，以确保泓泓的安全。在小班第一学期时，我们举行了冬季运动会，那时候就采取了这种做法。尽管我们邀请泓泓妈妈来观看运动会，但也许是因为泓泓没有上台参与，让泓泓妈妈也没有期待感和参与感，因此泓泓妈妈一开始就将泓泓带离运动会场地。那天妈妈带着泓泓两个人在远离运动会的沙池玩耍，尽管小朋友因为有妈妈的陪伴玩得很开心，泓泓妈妈还是一脸落寞，甚至没有参与大合照。

做法三：引导泓泓独立参与运动会。因为泓泓有想加入集体活动的意识，并且可以听懂简单的指令，我们开始考虑在日常排练中也带上泓泓，安排老师在一旁引导泓泓完成运动会项目。同时也考虑了突发状况：如果泓泓当天情绪波动较大，出现了哭闹情绪的情况，那么就让泓泓在队伍后面休息，等他情绪稳定再参与运动。同时，班级老师通过讨论一致决定，需要让班上的小朋友一起帮助泓泓，通过同伴介入法，引导泓泓参与更多的集体活动。

我们对以上三种做法进行了研讨，做法一虽然可以保证泓泓的安全，同时减少家园沟通的问题，但是损害了幼儿的权益。只是出于维护班级秩序的方向出发做出的决定，显然不可取。做法二，可能比做法一更委婉，但是同样让泓泓没有参与感，也容易让家长产生自己的孩子被区别对待的想法，长期来看不利于后续的家园沟通，难以获得家长的信任。做法三是最优的选择，也是想要取得家长信任和支持的必经之路。只有让家长看到孩子的进步，看到老师的努力和同学的接纳，家长才会真正信任老师，愿意积极地配合幼儿园的教育教学，接受老师的建议。

（三）运动会：准备中的泓泓

为了确保泓泓可以正常参与到运动会中，我们开始了一系列的准备工作，务必保证泓泓尽快参与到集体活动中。因为泓泓从小班开始就表现出社交和语言能力偏离，所以我们引导泓泓语言和社交能力发展的行动从小班就开始了，但是现在随着他各项能力的提高，我们的指导策略也进行了相应的改进，见下表。

指导策略

教师行动	带来的改变	蕴含的价值
采用同伴介入法	泓泓在同伴的帮助下学会了许多社交方法：知道倾听别人说话时需要保持安静，加入游戏时可以提出请求，表达困难时可以用手指询问意见，以及给出提示	同伴是老师无法代替的角色，能够很好地安抚泓泓的情绪，让他知道除了老师，也可以和同伴进行交流。师生共同为泓泓营造了一个温馨、被接纳的环境

续 表

教师行动	带来的改变	蕴含的价值
强化语言训练	泓泓从老师有意识地引导他发声以后已经会说"1""2""拜拜""你好"等简单词汇	语言发展偏离是导致泓泓不能融入集体的一个关键因素。只要解决了这个问题，泓泓就可以更快地融入集体，并且尽量赶上口语发展关键期
正视不同，态度一致	教师把泓泓作为正常发展的幼儿看待，采用相同的标准来要求他，可以让泓泓大胆开口，不要过度关注口语发展偏离问题	正视泓泓的"特殊"以后，教师不会刻意关照泓泓，他反而能够获得更大的成长空间
及时鼓励，正面强化	当泓泓有了一点小小的进步时，我们就会请全班小朋友为泓泓点赞。重复多次以后，泓泓开始享受同伴的赞扬，并主动帮助同伴和老师做力所能及的小事。如帮助铺地垫、清理垃圾、告诉老师谁没有遵守规则等	正面强化，及时鼓励，可以帮助泓泓获得满足感，增强荣誉感，同时也在潜移默化地告诉他哪些事可以做，并且大家会很开心，从而形成一个良性循环

（四）运动会："不特殊"的泓泓

在后续的运动会中，通过上面的策略引导，泓泓学会了自己听指令排队，并从刚开始自顾自地左顾右盼、不主动参与运动会的各项训练，到后来可以在老师和同伴的带领下参与活动。最终，在运动会当天，泓泓独立完成了全部的比赛项目。泓泓的日常表现也一天天好转，除了不爱说话，他基本上已经可以和其他小朋友一样，参与到班级的各项活动中。

一开始，我对泓泓的情况感到无可奈何，但随着与他频繁的互动交流，我渐渐理解了泓泓通过肢体语言和潜意识反应所传达的意思。我发现和他说话的时候，他开始专注地听，也能及时地对我的语言做出反应。例如要他帮忙扔垃圾、拿东西，他都会化身勤劳的小帮手。之后，我能明显感觉到泓泓思想的转变，他慢慢地关注别人的看法，把自己融入同周围人的交往中。

运动会结束以后，泓泓妈妈通过家长直播一帧一帧地回看，找到了泓泓参加运动会的精彩表现，并且发表朋友圈肯定了泓泓的巨大进步，也通过发私信向各位老师表达了衷心的感谢。我仍然记得初次同泓泓妈妈接触时，我所面临的"寸步难行"的困境。特殊孩子的家长常常承受着外界异样的眼光，这些对家长来说都是一根根扎在心里的刺。所以刚开始我们的家长工作开展得并不顺利，但随着泓泓实质性的改变，家长也对我们的工作表示了尊重和认可。现在，泓泓妈妈会主动与老师交流，分享泓泓在家的生活和学习情况。

二、"不特殊"的背后

回顾泓泓参加运动会的始末，我看到泓泓的发展潜力。当教师的指导策略得当时，他的进步也肉眼可见，因此专业性是教师必不可少的特质。随着泓泓的表现越来越好，家园沟通也更加顺畅，这可能是因为我们抓住了家长最核心的需求。特殊孩子的家长往往更敏感，更在意别人的看法，所以针对这部分家长，我们需要让他们真正看到孩子的发展成果，注意到孩子的发展潜力，才能让他们产生无限的希望，同时建立家园间的互信。

在幼儿园的工作中，重复的流程让我开始担心自己是否会产生职业倦怠。尽管工作内容是重复的，但是孩子是不断发展变化的，不思革新就会看不见孩子们的阶段性发展规律。很庆幸我在领导、同事的帮助下，能于繁复的工作中抬头看见一方更广阔的天地，从泓泓这个特殊的案例中总结出一般性的指导规律，获得自己在专业成长上的成就感。

（一）专业是幼儿教师成长的基石

在"泓泓"的故事中，我看见了专业知识的重要性。如果不是日复一日的专业引导，让家长看见孩子的成长，他们也就不会相信教师的专业性，后续的沟通也只能是表面工作。可见，教师在教育教学方面的专业性是其安身立命的重要法宝。在此之后，我开始思考如果我日后继续在学前教育行业内工作，支持我不断深耕的方向在哪里？作为一个从业未满两年的新手教师，此时精进专业的迫切性摆在了我的面前。因为已经对常规性教育教学工作相对熟练，后续我开始考虑将更多的精力放在想要深入学习的地方，如学术写作水平的提升、行为观察能力的增强等。有时候，促使人进步的关键节点真的很平常，但是突破认识的局限，意识到自身问题的存在却很困难也很漫长。

（二）寻找家长工作的切入点

作为幼儿教师，除了需要负责教育教学，服务家长也是工作中的重要内容。如果没有看见泓泓妈妈在两次运动会中前后不同的反应，或许我依然会忽视家长工作的重要性，但是当家长真的被看见、被尊重，他们发挥的力量也将超乎想象。对于新手教师来说，难的是如何获得他们的支持。事实上，作为一个配班教师，目前我依旧没能深入参与到家长工作中去，但现有的工作也给我带来了些许感悟。世界上没有相同的两片树叶，也没有两个相同的孩子或者两个相同的家庭。不同的家庭环境中走出来的孩子性格秉性都相差甚远，父母的关注点也各不相同。身体瘦弱的孩子，其父母可能更关注他在园期间的饮食情况、身体状况；性格内向的孩子，其父母可能更关注孩子在园期间的人际交往情况。家长最关注的点就是教师在进行家长工作时最方便抓住的切入点，面对不同需求的家长，老师如果能抓住父母的关注点帮助孩子提升发展，那家长工作也就能更加顺畅。

（三）努力获取成就感

刚开始入职场，我尚处于教师发展中关注生存的阶段，所以我忙于适应不熟悉的各项工作，小班第一个学期我负责专门看顾泓泓，他当时社会适应能力很差，也不能融入集体，这一度让我觉得很吃力。这样的情况和我在学校接受的教育之间存有现实与理想的鸿沟，一时间不知道怎么继续开心地工作下去，但是我依旧在坚持。直到在教研员的鼓励下，我撰写了一篇关于特殊儿童的相关论文并且有幸获奖，这也让我感受到工作中的付出与收获在同步行进。从那以后我才认识到，工作也需要被"看见"，我经历了漫长的默默蓄力、积累经验，已经可以进入新的工作阶段，追求被"看见"，追求收获。人作为社会动物，被看见、被尊重永远是最高级的渴望，而得到的尊重又可以成为坚持前行的动力，因此，学会在工作中得到满足感、成就感也是我作为新手教师对抗职业倦怠的好办法。

　　我和泓泓几乎同时进入这所幼儿园，时间游走在我们的身上，却有不同的呈现方式。在泓泓刚入园时，他表现出害怕和焦虑、不敢面对老师，到后来，慢慢对老师产生依恋，成为我的"小尾巴"，愿意敞开心扉与我交流。成长的脚步推着泓泓从家里的一片屋檐走到了面向他人的广阔天地中。与此同时，泓泓也是我职业身份转变的见证者，从毕业初入职场时的青涩、无助，到现在逐渐开始在工作中提出自己的思考，分享一些经验体会。泓泓能越来越好地融入社会，而我则越来越关注自己的成长，希望经验随着时间沉淀，在学前教育中收获不竭的动力。

小班幼儿洗手那些事

深圳市南山区华侨城世界花园幼儿园　郑燕娟

　　教师一般都会要求幼儿在餐前、活动之前洗手和更换衣物。对于小班的幼儿来说，洗手不单单是一项需要学习的卫生习惯，也是一件有趣、好玩的活动。于是，哪怕老师提醒已经到了用餐时间，孩子常常还是会在洗完手后逗留在洗手间玩耍：六六用嘴巴吹着手上的泡泡；硕硕挤在排长队的洗水台后面，却对一旁闲置的水龙头置之不理；悦悦用手划动着水槽，还时不时把手上的水往其他小朋友身上甩；依依打开一个又一个洗手液的瓶盖，并往瓶子里加水；程程把手放在水龙头水下冲着，没有任何搓洗动作，水一直流着……洗手台上全是泡泡，地板上有很多水，很多孩子的衣服也被水打湿了。看到此情此景，我是既着急又紧张，因为这种行为容易导致厕所的湿滑和污染，对孩子存在安全隐患，同时也增加了卫生清洁工作量。

　　作为一名教龄不到两年的配班教师，我一开始尝试通过语言纠正幼儿在洗手间玩水的行为，班级老师也想到了各种方法来培养幼儿的健康卫生习惯，但是效果甚微。很多幼儿为了避免洗手，甚至会直接将手上的颜料、鼻涕等直接擦在衣服上。这时，我更加仔细地观察孩子在洗手时的具体表现，试图寻找行为背后的原因：幼儿只是天性喜欢调皮捣蛋，还是他们对幼儿园熟悉后，开始无视日常班规？抑或者，因为我们老师忙于其他活动而忽视了对孩子在洗手方面的管理？

在这苦恼之际，我想起了以前请教教研员董老师时她给出的建议："可以去看看书，看看别人的做法。"于是，我开始积极收集资料，查阅洗手相关的教育方案和成功案例。通过对文献的仔细阅读，我终于找到了可能的原因：首先，小班的孩子们很喜欢玩洗手液、纸巾和水，这是非常正常的，因为他们容易被感官刺激吸引，也喜欢重复操弄有趣的物品。因此，有些孩子可能因为模仿了不正确的洗手方法，或者因为衣服袖子过长、距离水池太近、水流太大等而打湿衣服。其次，老师的关注重心大多时候更偏重在洗手后的下一个环节，而往往忽视了监督幼儿洗手的过程。为了解决这些问题，老师需要以身作则，注重自身卫生，为孩子树立好的榜样。再次，老师在活动安排时也要考虑到小朋友可能会对频繁洗手产生厌烦情绪的问题，避免布置过于枯燥无聊的洗手任务。最后，家庭教育也会对小朋友的卫生意识和自律习惯产生重要影响。

确认了问题的症结所在，我与班上的老师一起讨论和思考如何改进我们对幼儿洗手的教学方法。针对小班幼儿的特点，我改编了一首新的《洗手歌》来带领幼儿学习如何正确洗手。歌曲内容如下："小朋友爱洗手，撸起袖伸出手。小转水龙头，冲湿小脏手。关掉水龙头，挤上洗手液。两个好朋友，手碰手。你背背我，我背背你。来了一只小螃蟹，小螃蟹。举起一只大钳子，大钳子。我跟螃蟹点点头，点点头。螃蟹跟我握握手，握握手。再看哪里脏，再次搓一搓。打开水龙头，泡沫全冲走。捧点自来水，淋下水龙头。找到小毛巾，擦干小小手。"我们发现孩子们对这首洗手歌非常喜欢，在老师手把手地演示每一个步骤后，他们很快就可以边唱边做洗手动作。孩子们甚至也会主动提醒同伴按照流程洗手，并且自发地在洗手时唱起这首歌，让全班充满了活力和快乐。同时，当孩子们表现良好时，老师也会用表扬、拥抱或者奖励小贴纸等方式来鼓励他们，让孩子们更加感受到被肯定和被尊重，同时也激发了他们的学习积极性。总之，这首洗手歌不仅让孩子们学会了正确的洗手流程，也增强了他们对于卫生的意识，同时也为他们带来了快乐和成就感。

　　为了幼儿在除了洗手池之外的地方也可以满足玩水玩泡泡的需求，我和班上老师商量后，在沙水区创设了可以玩水和玩泡泡的区域。在学习节约用水和保持卫生的过程中，幼儿们通过老师的讲解和行为示范，知道了进沙水区时可以随意地玩水、玩泡泡，但在洗手间洗手时要节约用水、不乱玩洗手液。渐渐地，孩子们逐渐理解了这些要求，甚至会自发地询问怎样做才能节约用水、保持卫生，如有的孩子会在洗手时尝试把水龙头的出水量调小到没有水流声音的状态。在幼儿园里，孩子们也会互相提醒和监督，把好好洗手、节约用水变成班级的良好集体行为。因此，沙水区的活动不仅满足了孩子的玩乐需求，也让他们学到了很多有益的生活知识和好习惯。

虽然一开始，幼儿对新的《洗手歌》和玩水玩泡泡区非常感兴趣，但是新鲜感一过，他们又回到了之前的样子。针对这一现象，我和班上的老师一发现苗头，就立刻想办法及时制止和更正反弹行为。例如，我们会在晨谈墙上设置洗手打卡榜，在放学前对孩子的每日的洗手情况进行总结并寄予期待，对表现优秀的孩子提出表扬和奖励。

渐渐地，幼儿对洗手的动作越来越熟练，但这并不意味着良好的洗手习惯已经养成。因此，我把这个活动延伸到家庭中，让主班老师协助号召家长们也从孩子在家的日常生活入手，以配合巩固园所的教学成果。例如，我们和家长积极沟通，争取家长的支持，使幼儿园和家庭的要求保持一致，督促孩子主动认真地洗手，并让家长为孩子们准备宽松合适的衣服。我们希望通过共同的努力，让孩子们养成良好的洗手习惯，更健康、更快乐。

由于小班幼儿本身具有很强的可塑性，我们才得以通过不断摸索，总结出发展适宜的有效教学实践，帮助孩子在洗手这件事上获得进步。慢慢地，班上幼儿逐渐掌握了正确的洗手流程，并养成了良好的卫生习惯。通过这次小班幼儿洗手的教学活动，我不仅总结出让孩子们正确洗手的教学技巧，更在实践中逐渐理解了教育的本质。首先，我认识到作为一名教师，要去了解孩子行为背后的原因，而不是简单地对孩子进行训斥和批评，一味纠正。其次，我也意识到只有注重多方面、全方位的教育和管理，才能达到良好的效果。例如，我们设置了洗手打卡榜、以身作则等方式，还通过与班级教师的密切配合、家园合作，让孩子将所学的知识技能延伸到家庭中，逐渐掌握健康卫生的习惯。最后，通过这次实践，我深刻认识到作为教师，需要不断地改进自己的教育方式，及时总结经验教训，以便更好地服务孩子们的成长。

总之，教育是一个更新迭代的过程，需要教师不断创新教学方式和手段，终身学习、与时俱进。这次经历让我更深刻地认识到了教育工作的重要性和复杂性，也让我更加坚定了做好教育工作的决心。我会继续努力，在实践中不断探索和创新，为孩子们的健康成长贡献自己的力量。

勇于迈步，肯定自我

深圳市南山区华侨城世界花园幼儿园　吴淑妹

在平凡而充实的日常中，我是一个对舒适区"情有独钟"的人。我性格偏内向，对新事物谨慎保留，对自身也有点缺乏信心。比起迎接外界的挑战，我更愿意在自己熟悉的领域中逗留。在教育这个专业领域，我时常怀疑自己的能力，感觉自己与他人相比有些逊色，在很多方面都需要不断提升。因此，对各类比赛和活动，我往往带有犹豫和回避情绪，认为自己没有足够的能力参赛，不敢走上台展示自己。然而，教育的征途上总有一些出乎意料的迈步，让人不虚此行。

2022年，南山区班主任风采大赛的举办成为我教育征途上的一个重要节点。通过这次比赛，我深刻体会到，只有跨越舒适区，才能更好地挖掘自己的潜能，获得更多的成长机会。这次比赛成为我个人发展历程的一次关键事件，重新定义了我对自己的认知和未来的规划。

一、报名和初赛，从犹豫到坚定迈步

在接到南山区班主任风采大赛通知后，我陷入一场内心的挣扎。虽然符合参赛要求，但我却缺乏参赛的自信。面对忙碌的工作和毕业班的筹备活动，我有精力应对吗？我的专业水平足以证明自己吗？去参加比赛，如果没有进决赛或者取得名次，都是非常丢脸的事情。

在知道我的想法后，班上的两位老师与我进行了一番深入讨论，仔细地剖析了我的优势和潜力。他们不仅鼓励我积极参加，更表示愿意分担我的部分工作。这种工作的默契和支持的态度，让我感受到温暖与信任。园长的鼓励更是给予我信心，她表达了对老师们积极参加比赛的期望："这是一个挑战自我的机会，你们可以将比赛作为突破个人局限、促进专业成长的契机。"年级主任也分享了她从教生涯中的经历："只要有比赛，我都会积极去参加，并不是每一次比赛都会获奖，甚至有的都没进决赛。但每一次参赛都是一次自我提升的过程，一个增长见识、结交志同道合朋友的机遇。"他们话语中的肯定和期待给我带来一道强大的推动力，我有了参赛的冲动，也有了改变自己的信心。找到教研主任报名时，教研主任说："我一直在等你主动报名，你突破了自己，我相信你可以的。"她鼓励的目光和认可的语气再次坚定了我参赛的信心，不仅为了个人的荣誉，也是回应老师们的期待，这是一次自我超越的契机，也是面对挑战的开始。

幸运的是，园内的初赛只有我参与选拔，我可以直接晋级学区赛。然而，即使初赛中没有激烈的竞争，我仍然以积极的态度备战。对我而言，每一次站上台前都是一场挑战，我不会因为没有对手就随意对待。同时我也感激能有这段相对松弛的经历，给了我更加自如的备战心态。备赛的过程中，幼儿园的领导、主任及同事们都陪伴着我，他们不仅给予我丰富的情感支持，还在我面对困难时给予我及时的启发和宝贵的建议。这使我深刻感受到，我所行走的路途，并非孤身前行，而是站在巨人的肩膀上向前迈进。

二、区赛准备，受挫而不垂头

进入学区赛的筹备阶段，我精心撰写了教育故事和班务计划，满怀信心地认为这些都是我平常游刃有余的工作内容，理应轻而易举地胜任。然而，在接受主任辅导时，他们提出了一系列深刻的修改意见，甚至要求我彻底重写。原本我信手拈来的东西，此刻却遭到了全盘否定，这让我有深深的挫败感。教研主任看到了我的压力，向我分享了她的经历，原来她也曾在课题研究和资料撰写中反复修改挣扎，初稿与最终版本往往都是相去甚远。她的话语让我有些局促和脸热："不是所有的事情都能一蹴而就，有的东西经过层层打磨才可以真正呈现出来。"想我才刚刚开始就想看到效果，一点否定就感到泄气，我班上的小朋友好像都比我更有耐心。于是我调整心态，虚心接受主任们的意见，不断完善我的参赛内容。在大家的帮助下，经过屡次推敲和打磨，我最终在学区赛获得第二名的好成绩。

这个好消息稳定了我的信心，也让我从自我怀疑和自我否定的怪圈中走了出来。在这个过程中，我不仅收获了荣誉，更感受到了来自领导们和同事们的鼎力相助。这已经不再是我个人的挑战了，我的成长道路上有同事们与我同行，有师长为我助力，旅途的风景与情感的交融都让我踏出的每一步更加坚定，更加昂首挺胸。

三、决赛准备，从胆怯到自信从容

面对即将到来的决赛，我看到其中更多的比赛项目和更高的专业要求。针对决赛的现场答辩和如何讲好教育故事项目，教育局还进行了专门培训。然而，受困于我的性格，我一直对即兴现场答辩心生畏惧，那种需要我临场发挥的不确定性让我倍感压力。自从知道有这个环节，我每天都在想象台下沉默注视的观众，和台上无法逃离的自己，呼吸与心跳都开始紧迫。

了解到我的短板后，主任和同事纷纷对我进行赛前加训。他们帮我一起提炼关键要点，深入分析文本。主任甚至利用自己的下班时间指导我，从现场答辩到教育故事的演绎，一个环节一个环节地给我梳理建议。"加训"尤其针对现场答辩环节，主任和同事们为我准备了大量真实的答辩题目，希望帮我理清答题的思路和方法。最初的几天，主任试着出题让我模拟现场答辩，而我磕磕绊绊，连一分钟都答不满，更别提满足3—5分钟答辩的最低时间标准。在我窘迫不已的时候，主任看出了我的问题，她耐心地告诉我拿到题目的时候先冷静审题，而不是着急去开口回答：
"我们说话也是有目的的，有了方向找到重点，才能拓展开去细
说。"我受益匪浅，开始找寻更自然的答题方式，并在日常频繁
练习。网上的答辩题目、同住老师的随时抽考，让我逐步学会了
审题的技巧，答题也逐渐丰富自然。

为了更好地适应比赛的紧张氛围，园长组织了一场赛前模
拟，让我在整个幼儿园老师的面前进行讲述和答辩。虽然仍然有
些许紧张，但上台的急促感和慌张感消失了。回想从前，比赛中
曾经手抖拿不住话筒、说不出话，现在却可以落落大方地站在台
上展现自我，好像在看另一个自己。同事们纷纷为我鼓掌，园
长也非常欣慰："现在的你，已经在慢慢地享受比赛带给你的成
长。"我这才恍然发现，原来是这场比赛，让我自己在不知不觉
中成长为更好的自己、更专业的老师；原来自信的底气，是源于
实力的充实、专业的成长；原来我已经在慢慢走出舒适圈，变得
自信，变得更坦然。真正到了赛前，我的心情反而归于平静。我
已"尽人事"，无论比赛结果如何，重要的是我一路走来，对于
"自我"的追逐和探索。

四、勇于迈步，团队助成长

作为一名教师，我们时刻都需要迈步向前，不断提升自己的
专业能力，扎实基本功，以应对日益复杂多变的教育环境，在教
育的专业赛道上追求卓越。正如《劝学》中说："积土成山，风
雨兴焉。"这句古语也启示我们的教育工作。我们不能只关注目

标和远景，更需注重脚下每一步的细节。通过持续学习、思考和实践，优化自己的知识结构和技能体系，为未来教育、专业发展做好充分准备。

在我参加班主任风采大赛的过程中，个人的勇于迈步和专业的厚积薄发起到了至关重要的作用。一开始，紧张和临场发挥不佳令我倍感压力，但是在同事们的情感和专业支持下，我逐渐超越了自身瓶颈，提升了自己的专业能力，最终成功获得比赛的荣誉。这一切都离不开团队的共同努力和支持，正是大家的鼓励和支持让我在比赛中更加从容自信。唯有在这条赛道上互相扶持，我们才能在未来的教育场域中游刃有余、从容应对挑战，为自己开辟更多道路，为儿童创造更多可能。时刻迈步向前，不忘初心，我们必能开创更加灿烂的教育未来。

下 篇

相辅而行，相待而成

——合作共长之旅

假如我是，我希望……

深圳市南山区教育幼儿园　何佳姿

我们常说，生活没有标准答案，每个人都有自己的注脚。站在人生的岔路口，我们有各自的选择，然后在各自选择的道路上各自绽放、各自生花。从我选择了学前教育这一专业开始，我就知道在这一条道路上我会经历迷茫困惑、质疑否定以及不理解。但我踏入幼教行业成为幼儿教师的两年间，我在与幼儿的相处中获得能量，用行动打破了质疑，在实践中找到了工作方法。

我逐渐明白我是一名幼儿教师，但我不能只是一名幼儿教师。这是一群天真灵动的小生命，但由于心智和身体的不成熟，我不仅要关注和支持他们的身心发展，还需要与他们背后的其他人密切联系、建立关系。在这个过程中，我开始学会换位思考，用"假如我是，我希望……"的方式，用理解换取接纳，用真诚换取信任。

一、假如我是一个孩子

假如我是一个孩子，我希望我的老师可以和我一起玩儿，可以成为我的好朋友。曾经我们都是孩子，天真烂漫、会对这个世界充满好奇，会对所有的事情充满期待。我们会因为一颗糖而对他人放松警惕，认为他是一个好人；会对一朵奇形怪状的云惊叫，因为它像一只可爱的小狗；会对一只黑黢但细小的蚂蚁感到好奇，因为好奇它们是怎么扛起这么大的食物。我们很容易与他人建立信任关系，一件细小的事情都能让我们兴奋尖叫。但随着年龄的增长，我们逐渐失去纯真，对很多事情麻木。所以当面对一群充满活力的孩子时，已经很难再与他们共情、从他们的角度去思考问题、感知世界，更不用说把他们当作朋友一样平等对待。

在我的班级里，有个叫作大宝的小朋友，她永远对周围的人和物抱有天真，善良可爱，她毫不吝啬地向我表达爱意："何老师，我爱你！""何老师，我们做好朋友吧！""何老师，和我一起玩！"大宝的生活自理能力在班上属于较好的，但由于在家穿惯了纸尿裤，她养成了在裤子里拉臭臭的习惯，尽管我曾多次引导她要在厕所里解决，但她仍然难以控制。一天区域时间，我发现她又在裤子里拉臭臭了，我很无奈也有点儿生气，一时失控说："你怎么又把臭臭拉裤子里了？你还是小Baby吗？你已经上幼儿园了，你是小班的姐姐了！"我一边责备着，一边带她去厕所坐马桶，并匆忙去给她拿书包里的裤子。在我回来的时候，发现她正在自己脱裤子，并拿着裤子走向水龙头，准备清洗。我又气又想笑，她竟然知道自己清理裤子，尽管这样清洗可能会弄得更糟。给她处理好后，我以为她会因为我冲她发脾气而害怕我，但没想到她还是很开心地和我说："谢谢何老师！我爱你！"我有些惊讶，因为按照我的理解，通常在被老师批评后，孩子们会因此而感到害怕，一时间会不敢再亲近老师。

我儿时并没有上过幼儿园，只有一年的学前班经历。老师教我们学习知识、写字，但我只想玩耍。我常常害怕看见老师，因为她不允许我犯错，上课要坐好，作业要完成。这使得我对老师虽然保持尊重，但很难建立亲近的关系。而大宝的亲近态度成为我从"管理"孩子走向"关爱"孩子的契机，让我试着和他们成为好朋友，学会包容孩子的"错误"，也教会我积极地表达爱，不再吝啬关怀、羞于亲密。

当与孩子无限亲近时，我才意识到，假如我是一个孩子，我希望老师能够肯定并包容我，给予我犯错试错的机会。我会突发奇想，看着白花花的墙壁，想给它添上五颜六色的色彩，但不知道是否可以。我也有很多不懂的事情，如果老师你教我，我会努力记住并且学会，因为我也想成为像老师一样厉害的人。

我希望能够分享我的心情，聊一聊有趣的事情，我不喜欢安静无声的教室，也不喜欢和好朋友坐在一起却各自看书或者各自玩耍。有时我会想要把天空涂成黑色，那种黑压压的感觉就像要下雨一样，因为我有时候会感到情绪低落。我想要在午休的时候睁着眼睛，我不会发出声音，我会悄悄地观察。我有很多天马行空的想法，我希望老师能耐心地倾听，如果能帮我实现那就更棒啦！哪怕在我自己去尝试的时候，出现问题也不要指责我。

二、假如我是一位家长

听到很多同行说，如果幼儿园的工作只有教育教学，与孩子打交道就好了。这句话实际上凸显了老师工作中有着极为重要的一环，就是家长工作。每位家长都期望自己的孩子得到关注，这并不是一个无理的要求。师德为先，无差别关注关爱每一个孩子，这本就是我们应该践行的教育理念。无论能力如何、是否亲近，每个孩子都应该得到平等的支持和关心。因此，老师需要时刻保持敏感、留心观察，及时记录和反馈，才能与家长有效沟通。

正上小班的咚咚在家长眼中是一个可爱搞怪、能力较强的孩子，能自己完成很多事情。入园初，我们也发现他确实在很多方面表现不错，但在就餐和生活自理能力方面，存在挑食、不爱吃饭，精细动作发展较慢，穿脱衣服和鞋袜困难等问题。在向他的家长反馈时，我们夸赞他在园中表现出色的拼搭能力和助人为乐的精神，然后谈到想了解他在家的自理能力表现。咚咚妈妈这才向老师表达，咚咚在家里很抗拒学习穿脱衣服，甚至因为不会扣扣子而拒绝穿有扣背心来幼儿园。通过细致观察，我们发现这与咚咚的敏感性和自尊心强有关，衣服穿不好他会很容易着急，情绪崩溃，袜子脚跟没踩好，会感觉很别扭难受。在与咚咚妈妈沟通时，我们详细说明了孩子的规则敏感期，以及如何发展咚咚的精细动作，鼓励咚咚在家用游戏的方式练习穿脱衣服的技能。咚咚妈妈很开心，愿意配合引导咚咚。在家园双方的引导下，我们也能渐渐看到咚咚的进步。

当与家长有效沟通时，我能意识到，假如我是一位家长，我希望得到老师的专业支持，合力引导孩子。一味地夸奖和批评都没有意义，只有细致地观察和真诚地关心，才能获得家长的认同和配合，共同引导孩子慢慢进步，见证孩子的成长。

三、假如我在不同岗位

一个班级的管理，从来不是主班一个人的事情，需要班级三位老师齐心协力、默契配合；一所幼儿园的运行，从来不是简单的上下级管理，需要勠力同心，平等相处。

假如我是一名主班，我希望班级的三位老师能绳往一块拧，力往一处使，共同配合，像家人一样相处。在我的教育笔记中，我曾记录过这样的想法："配班或许觉得主班半日活动考核与自己无关，但是这不仅是在考核她，也是对班级整体的考核。幼儿常规、班级老师配合、班级环境创设，这些都能体现在这个半日活动中。班级靠一位老师的努力是无法维持和管理的，需要三位老师协作配合。"十分幸运，我和班级的老师虽然相处短暂但十分融洽。我们会一起想办法如何建立常规，一起讨论某个孩子的发展，我们互帮互助，即使偶尔出现分歧，但出发点都是为了幼儿，所以能迅速沟通解决，在有需要的时候都能及时站出来、顶上来。

假如我是一名管理者，我希望我的幼儿园氛围轻松、平等友好，大家互帮互助。在我为数不多的工作经验中，我更换过园所，很庆幸能够来到现在的幼儿园。这里轻松愉快的环境促使我去关注自身，有更多的时间去反思自己的工作，有更多的想法去提升自己、发展专业。在这里，我可以与领导平等交流，大胆地表达想法，也有更多机会展示自己。来园第一天的情景我至今记忆犹新，园长亲切地喊出我的名字，关心我工作后的感受。她传递给我的三句箴言"平和的情绪、积极地工作、主动地学习"成为我在这里工作的指引。尽管我一直对在大众面前表达感到羞怯，但在领导的肯定和鼓励下，我参与了青年教师论坛、担任了大班毕业典礼主持，并参与各种活动的舞蹈编排。她们愿意相信并支持我，同时也在工作中指导我，激发了我潜在的能力。在这样的团队氛围中，我逐渐感受到自己的进步，内心也日益坚强。

最后，我是一名幼儿教师，我追求成为一名专业的教育者。"纸上得来终觉浅，绝知此事要躬行。"从刚踏入行业的紧张无措到现在的得心应手，两年的日夜里，我不断钻研教育教学方法和班级管理策略。常有人说我不像刚毕业两年的新手教师，我很开心，这是对我钻研与学习成果的肯定。我希望能将我所学化为实践，指导实践，同时将实践经验提炼为理论，成为一位注重研究的教育者。学无止境，幼儿教育远远不止大学四年课本上的东西，在工作之余我要夯实自身，用专业理论武装自己。

　　"假如我是，我希望……"其实是一个很简单的句式，它能帮你化解很多难题，让你拥有更积极良好的心态，让你改变自己的行为。站在孩子角度关注尊重，做孩子成长路上的引路人；站在家长角度，密切联系，做家长教育路上的支持者；站在管理者角度，做发展园所路上并肩作战的好伙伴。从事幼儿教育，困难琐事很多，与其抱怨，不如改变，唯有义无反顾，才能大步向前。

修行路上遇见你

深圳市南山区沙河侨城豪苑幼儿园　王艳妮

张爱玲曾说："于千万人之中，遇见你要遇见的人；于千万年之中，时间的无涯荒野里，没有早一步，也没有晚一步，刚巧赶上了。"于我而言，走进幼儿园这方净土的20年时光中，在轮回的春夏秋冬里遇见一群又一群可爱的孩子，遇见一群又一群温暖的工作伙伴，我是幸运的。行走在幼儿教育的修行之路，我拥有了那么多最美的遇见，这些遇见使我坚定、伴我同行、引我成长。

一、遇见"与众不同"的乐乐

苏霍姆林斯基说："从我手里经过的学生成千上万，奇怪的是，留给我印象最深的并不是无可挑剔的模范生，而是别具特点、与众不同的孩子。"中班转学加入我们班的乐乐就是属于这种"别具特点、与众不同"的孩子，乐乐的特别之处在于他是一个极度霸道的孩子，经常会在班级里欺负其他的小朋友，同时情绪也很容易失控，经常会因为和小朋友之间的一点小事情就大发脾气。

那段时间，孩子们回家总会因为和乐乐发生的矛盾向家里"告状"，家长们总会因为孩子的"告状"而向我"投诉"，而我也总会因为不绝于耳的"老师，乐乐又抢我的玩具！""老师，乐乐刚才骂我！""老师，孩子回家总是说被乐乐欺负，能不能给他换个班？再这样，我也让我家孩子欺负他去！"的声音而焦头烂额。

就在我即将对乐乐失望、想要找他家长"大发雷霆"的时候，书上一句简单而深刻的道理点醒了我——"每个孩子都是一个最珍贵的存在"，也唤醒了我内心深处的温暖和责任。燃起"斗志"的我一边忙着解决乐乐与孩子们之间的矛盾，一边安抚家长的"控诉"。而困扰我最关键的难题是，乐乐为什么这么霸道和易怒？面对乐乐的问题，什么样的方法是最有效的呢？

我约了乐乐爸爸妈妈一起来幼儿园，开启了一场长达三小时的深度谈话，并了解到了乐乐出现目前这种状况的原因：乐乐爸爸妈妈工作特别忙，并且爸爸出差的频率较高，平时乐乐在家的大部分时间多由爷爷奶奶带着，而爷爷奶奶总是对乐乐极度宠溺，无论乐乐提出任何要求，他们总是无条件地满足，而乐乐妈妈也尝试与爷爷奶奶沟通了很多次，却始终无法改变爷爷奶奶的教养方式，家长为此也很头疼。

经过协商讨论，我们最终针对乐乐的情况，达成了家庭与幼儿园教育的合作共识：由爸爸主动和爷爷奶奶就乐乐的教养方式进行沟通，同时，可以以家庭会议的方式制定家庭公约；爸爸妈妈合理安排每天一人早下班，并对乐乐进行高质量亲子陪伴的活动，尽量做到周末及节假日由父母陪伴；老师和小朋友则会在幼儿园给予乐乐更多关注和爱；最后，高效利用家园联系手册，家长和老师要坚持每天书面反馈乐乐当天的表现情况与变化，针对我们的系列措施共同反思、改进。

慢慢地，乐乐变了，从一开始的以自我为中心的霸道到和小朋友商量合作，从一开始的易怒"小狮子"，变得与小朋友和睦相处了……他进步了，进步到了所有人的心里。在期末汇报会上，乐乐不仅得到了好几个小朋友送给他的小礼物，还得到了几个阿姨的当面称赞，我至今仍记得当时他那兴奋的眼神，带着一点骄傲与自豪，脸上露出难以自抑的、得意的笑容。

如今已多年过去，在乐乐妈妈的朋友圈里我看到乐乐已长成帅气的小伙子，还是班里的班长呢！那年与乐乐的相遇让我知道，唯有注入爱与专业的教育，才能让孩子们眼中有光，心中有爱，向阳而生。在蓦然回首时，灯火阑珊处，你成就了孩子，孩子也成就了你。

二、遇见"善于发现美"的芳芳

法国著名雕塑家罗丹说："世界上不是缺少美，而是缺少发现美的眼睛。"那一天当芳芳老师说"王老师，我发现你特别会发现别人的优点"时，我感受到了发现美的力量。

上午，班级的活动都井然有序地开展着，我按惯例走到教室、操场，去观察老师和孩子们的活动情况。刚走到三楼操场，就听见一阵阵欢笑声，再一看，一幅充满生机的户外活动场面映入我的眼帘。已年近40的芳芳老师正以满满的活力带着孩子们在认真地开展体能游戏活动，在她饱满的状态、清晰的指令中，孩子们像一个个悦动的小精灵，奔跑着、欢笑着。我走到一边静静地观看完了他们的活动，在活动结束后，我情不自禁地鼓掌说了一声："芳芳，你很认真地组织活动，看，孩子们状态特别好，要表扬哦！"芳芳对我微笑了一下。

许久之后的一个下午，我巡班到芳芳班上时，发现她一个人在教室，便想着坐下和她闲聊几句。没想到芳芳对我说的第一句话竟然是："王老师，特别佩服你，我发现你特别会发现别人的优点。"芳芳将我之前在户外活动中对她的夸奖和她内心的愉悦以及对工作被认可的幸福感，向我娓娓道来。

我的心被轻轻触动了，没想到我的一句无意间的欣赏肯定的话竟然有这样奇妙的影响。在获得她如此高的评价时，我立刻萌发出这样的念头：以后要多多发现每一位老师的优点，并及时给予肯定。那一刻，我知道我们在彼此的发现中都心生喜悦。

时光在流转，工作在继续，那次和芳芳的相互"发现"已过去，但与芳芳的那次相遇让我知道，拥有一双发现美的眼睛是如此重要。唯有善于发现美，才能学会彼此欣赏，进而激发每一个人内在成长的强大磁场。在蓦然回首时，灯火阑珊处，你成就了同伴，同伴也成就了你。

三、遇见"智慧坚毅"的园长

世界上最美好的事情莫过于和一群目标相同、兴趣相同的人一起奋斗、一起努力、一起奔跑在理想的路上。

她是南山区沙河侨城豪苑幼儿园孩子们的园长妈妈，每个孩子入园的清晨，园门口总有她和孩子们热情打招呼的甜美微笑；她是南山区沙河侨城豪苑幼儿园老师们的知心姐姐，每个倦怠的时刻，总有她为了激励我们成长而循循善诱、从天南讲到地北的悦耳声音；她是南山区沙河侨城豪苑幼儿园的大家长，每个欢喜或危急时刻，总有她娇小而挺拔的美丽身影。

"园长办公室的灯怎么还亮着？园长还没走吗？""今天放假，园长还在幼儿园啊？"每每这时，我们得到的回答总是："是的，园长在加班呢！"这样的对话在我们幼儿园不知道出现了多少次。我至今仍记得某次例会，郭园长因生病严重而极少见地请假一次，然而在例会的前一小时，我们收到了她要求发起线上会议，她要卧床参加例会的消息。整整一个半小时的会议，园长带病全程参与，会议后，还对我们的工作进行了总结，并提出了表扬。那一刻，我的心情久久不能平静。

三年里，园长的以身作则、言传身教无不影响着我。规划园所发展、建设园所文化、落实科学管理、培养教师队伍等方方面面无不体现了她在工作中的智慧与担当，坚持每天阅读书写、拜师学习琴棋书画也彰显着她在学习中的热爱与坚持。同时，郭园长坚持运动、与人为善，生活中的种种细节也显露出她的热情与豁达。

　　时光清浅，步履不停，与园长的相遇让我知道，唯有热爱与坚持、专业与奋进，才能让自己更加优秀，才能散发更多的光与热，温暖身边的每一个人。在蓦然回首时，灯火阑珊处，园长引领着我，我追随着园长。

　　教育是一场修行，幼儿教育之路是一条修行之路。从当初的青涩懵懂到现在的逐渐成熟，我的修行之路常会遇到一些困难和挑战，但幸运的是，我遇到了一群闪闪发光的他们，他们就像夜空中的"指明灯"，激励我，点拨我，也照耀着我。

从"问题"发问，探寻教研起点之路

深圳市南山区天鹅湖幼儿园　伍婉雯

时光之味，岁月沉香。日复一日在幼儿园一线岗位上的坚守，为我带来了教学实践上的宝贵沉淀。带着这些经验，我迎来了在园内负责教研活动的新阶段。但隔行如隔山，即便都是幼儿园工作，从面对孩子转变为带领老师开展教研活动，这对我而言无疑是更高层次的要求和全新的挑战。如何利用好我的实践经验，支持老师们的专业成长，如何成为老师们的引路人，这使我陷入了沉思。

一、"问题"的问题——一个起点

教研应该关注什么？老师们当下最迫切需要的支持是什么？如何有效提升教师的专业性？面对一系列问题，我感到有些手足无措，不知道从何下手。同时心里也在犯难，我真的有能力、有资格引领大家开展教研活动吗？虽然陷入了自我怀疑，但教研是板上钉钉的事，于是我迫使自己摸着石头过河，尝试通过查找资料、发放调查问卷以及咨询园内有经验的老师来确定教研核心问题。最终，基于大家的问卷反馈，我将教研选题范围锚定在项目活动上，并在文献研究后发现，项目活动中常说"以问题为导向开展活动"，其中的"问题"实际上大有学问。

原来，项目活动中所说的"问题"也叫"驱动性问题"。作为项目活动的核心，它不仅能作为"开关"启动项目，同时还能有效激发孩子主动探究的兴趣，对项目活动具有重要意义。另外，在问卷调查中，虽然大家基本能回答驱动性问题的特点，但经过了解后我才发现，大部分老师表示他们都是通过网上检索答案填写，而非经过自己的思考直接回答。

班级	你如何理解项目活动中的"驱动性问题"？请用自己的语言简要回答
大（五）班	能够激发幼儿思考的问题
中（三）班	启发性问题，可以让幼儿顺利进行项目探索的引导性问题
中（二）班	以问题驱动学习，围绕真实而有意义的问题展开一系列探究活动
中（一）班	驱动性问题是指围绕项目，能够连接目标和过程的问题，并可以引发幼儿自主探究和推动他们解决问题的关键性问题
小（四）班	贺：驱动性问题就是项目的问题导向，能激发幼儿好奇、好问继续探究的一些关键问题，是幼儿开展项目活动的认知内驱力。 蔡：理解驱动性问题：①能驱动学习者。②开放的。③与课程目标相关联
中（四）班	驱动性问题是能够激发幼儿的学习内驱力，使其主动投入项目活动探究中，也是推动幼儿解决问题的关键性问题，能够指明探究方向
小（二）班	提出的问题能够促使、引发孩子的进一步思考、观察，进而开展之后的探究活动
大（二）班	在项目式学习中，驱动性问题（Driving Question，有时简称DQ）指的是一个能够连接学习目标和项目过程的问题，它基于现实或者半现实的环境，激发学生探究知识的需求以及寻找解决方案的需求，或者激发学生讨论、询问和调查这个话题并最终生成针对该问题的完整解决方案
大（三）班	基于生活实际能可行推动的，并具有挑战性
大（一）班	可以促进活动开展，促使幼儿思考、探究问题和寻求解决问题的方案

↓

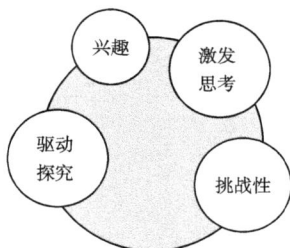

问卷问题—调查结果及分析

另外，在问卷中，老师们列举了自己班级项目活动中的驱动性问题。经过分析，我同样发现大家实际上提出的所谓"驱动性问题"都有着通病，如问题定位不准确、问题难度过大或过小、缺乏探究性、成人化视角等。

在本学期班级开展的项目活动中，你认为哪些问题属于驱动性问题，请详细列举
如何用少的材料来搭建高楼？
项目活动"鸟"驱动性问题：鸟的特征是什么？为什么小鸟的羽毛不湿水？你见过的鸟巢是什么样的（外部形状、内部构造等）？
问题一：鲤鱼为什么会"跃龙门"？（随着鱼池饲养了鲤鱼之后，我们发现鲤鱼经常会跃出鱼池，应验了"鲤鱼跃龙门"的典故，但是鲤鱼究竟为何跃出鱼池呢？对此教师追随孩子的兴趣，支持孩子们深入探究鲤鱼跳跃的真实原因。在探究的过程中，我们发现，原来鲤鱼跃出鱼池有两个主要原因——一个是需要跃出水面呼吸，另一个是受到了惊吓。） 问题二：如何减少鲤鱼受惊？（通过查阅资料，我们了解到鲤鱼属于胆小的鱼类，在知道了鲤鱼有时会因为惊吓便跳跃之后，我们及时展开了讨论——怎样可以让鲤鱼不那么害怕呢？有的小朋友说："我们去看鲤鱼的时候可以悄悄地过去，不要大声。"有的小朋友说："因为鱼池离我们很近，我们靠近之后，鲤鱼一下子就看到我们了，我们可以给鲤鱼搭建一个屋，这样子鲤鱼害怕的时候、不想看见我们的时候，还可以钻到自己的房子里。"于是，我们便又围绕此项问题开展了搭建鲤鱼小屋的活动……）
为什么只有在幼儿园的湿沙池发现了马齿苋，而其他地方没有？因为湿沙池有马齿苋，小朋友都没办法进去玩儿了。 有什么办法可以解决这个问题吗？马齿苋可以做什么？班上新鲜的马齿苋太多用不完，怎么办？马齿苋的储存方法有哪些？

贺：本班美食项目中的驱动性问题有：①幼儿园里吃什么？②幼儿园的美食有哪些？③美食是怎么做出来的？	
蔡：哪些属于：幼儿园里吃什么？一日菜谱是如何制定的？	
①桂花树有些特征？②桂花可以用来做什么？③如何留存桂花？	
玩具还可以怎样分类？	
如：广府美食有哪些？你最喜欢的广府美食是什么？它是怎么做的？广府建筑有哪些特色特点？又有什么功能呢？	
如何帮助山羊建另一座悬索桥？悬索桥如何制作？如何改进等问题。	
纸飞机为什么能飞？影响纸飞机飞行的因素有哪些？在折叠纸飞机的过程中，需要注意哪些问题？	

↓

存在问题	教师认为的"驱动性问题"
问题定位不准确	项目活动"帝王大厦"：如何用少的材料来搭建高楼？
问题难度过大或过小	项目活动"桂花"：桂花树有哪些特征？桂花可以用来做什么？如何留存桂花？ 项目活动"纸"：纸飞机为什么能飞？
问题缺乏连贯性和主题性	项目活动"鸟"：鸟的特征是什么？为什么小鸟的羽毛不湿水？你见过的鸟巢是什么样的（外部形状、内部构造等）？ 项目活动"马齿苋"：为什么只有在幼儿园的湿沙池发现了马齿苋而其他地方没有？湿沙池因为有马齿苋，小朋友都没办法进去玩儿了，有什么办法可以解决这个问题吗？马齿苋可以做什么？班上新鲜的马齿苋太多用不完，怎么办？马齿苋的储存方法有哪些？
问题缺乏多元性	项目活动"鲤鱼"：鲤鱼为什么会"跃龙门"？如何减少鲤鱼受惊？
问题成人视角	项目活动"纸"：纸飞机为什么能飞？影响纸飞机飞行的因素有哪些？在折叠纸飞机的过程中，需要注意哪些问题？ 项目活动"美食"：幼儿园里吃什么？幼儿园的美食有哪些？美食是怎么做出来的？幼儿园里吃什么？一日菜谱是如何制定的？

问卷问题二调查结果及分析

因此，综合老师们的教学需求以及我对老师们的了解与调查，我得出结论：老师们在项目活动中对驱动性问题的认识仍有欠缺。因此，我决定开展一次关于驱动性问题的教研活动。

二、"问题"的调整——两次行动

曾经在集团培训中，导师跟我们说过，教研不等同于培训。培训主要是以讲师的讲解为主，教研则需要更多老师的参与，教研组织者引导大家围绕一个问题共同讨论，以体验和互动的方式调动老师们学习研究的积极性。考虑到老师们每天都在与孩子互动的实际情况，以及过去我自己在教研时的所思所想，我能想到，他们更需要的是能够将理论层面的概念与日常教学例子结合起来学习。

因此，我以自己班级开展的"皮影戏"项目活动为例，跟老师们一同探讨驱动性问题的内涵与特征，以实现教师对驱动性问题的初步了解。另外，为了给老师们提供"沉浸式"的教研体验，我从老师们开展的项目活动中选取了"马齿苋"作为教研材料，让老师们现场分组对这一项目设计驱动性问题。

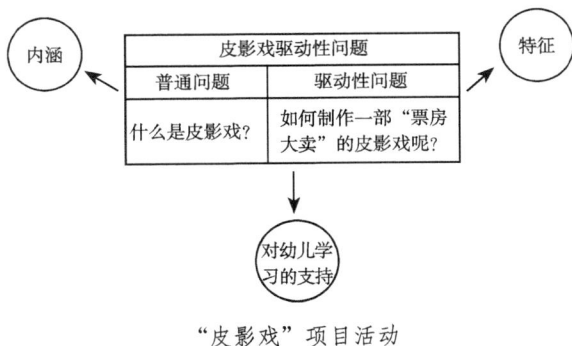

"皮影戏"项目活动

经过这次教研活动，老师们是否真正理解了驱动性问题呢？为了验证教研效果，同时也让老师针对自己本班的项目活动进行实际调整，我再次请老师们对之前设计的驱动性问题进行修改。结果显示，老师们给出的驱动性问题基本都符合"以儿童视角出发、问题真实而有趣、具有探究性与挑战性"的特征，并且这次大家开始注重为问题创设情境，将前面零碎的子问题整合成一个具有挑战性且蕴含多元学习内容的问题。可见教师们在前期的教研活动学习中已经获得驱动性问题的初步认知。

请大家根据上次驱动性问题的教研学习、修改并填写之前提交过的驱动性问题
鱼池里养了很多的鲤鱼，可是其他班小朋友每次经过的时候都没有留意到它们，鲤鱼很孤单。怎样可以更好地吸引小朋友们来观赏、了解我们的鲤鱼呢？
小朋友们，深圳是一座温暖的城市，每年冬天都有大批的鸟类到深圳来过冬，那马上在深圳湾就有一个鸟展，如果你是导游，你会介绍小鸟的哪些方面呢？
如何在新年市集中表演一场完整的皮影戏呢？
一次户外，孩子们闻到阵阵花香，了解后发现原来是桂花开了，并由此展开了一系列关于桂花的探究活动。如今正值新年市集的到来，班级需要设立美食摊位。孩子们纷纷提出：桂花美食就有很多，不如就摆摊做桂花美食卖吧！那怎样才能开设一个火爆的桂花美食摊位呢？
用什么材料搭建帝王大厦？如何搭建又高又稳固的墙面？
如何折出一架飞得远的纸飞机？
怎么制作悬索桥？从而引起对悬索桥的全面认知，材料选择、结构确定、用途、设计改进等
在前期开展广府文化调查中，小朋友对粤菜中的"茶点"很感兴趣，都希望能在教室里开一间早茶楼，那我们要如何打造一间受大家欢迎的广府式的早茶楼呢？
驱动性问题：湿沙池里长了很多马齿苋，导致小朋友没办法在里面玩儿。而拔出来的我们又吃不完，这么多新鲜的马齿苋，我们可以用来做什么呢？
如何制作便携式雨伞？
幼儿园里户外有哪些游戏区域？你最喜欢的户外游戏区域是哪里？幼儿园的玩沙池是什么样的？沙池里都有什么？可以用什么积木搭建玩沙池？
小朋友们有没有发现，分类玩具可以让我们收得更快，如果收玩具快，我们就可以晚一些收玩具，以玩得更久一点了，那怎么分类玩具可以让我们收得更快呢？
角色区扮演孙悟空的小朋友说他们在表演的时候没有金箍棒有些剧情演不了，老是进到教室里问老师金箍棒在哪里，什么时候能用金箍棒。小朋友你们有什么办法帮帮他们？
①迎新年的自助餐活动中，如何合理搭配出小朋友们爱吃又营养的食物。②"我爱幼儿园之美食"驱动性问题：为什么要吃蔬菜？如何不挑食？

↓

项目活动	第一次设计	第二次设计
鸟	项目活动"鸟"：鸟的特征是什么？为什么小鸟的羽毛不湿水？你见过的鸟巢是什么样的（外部形状、内部构造等）？	小朋友们，深圳是一座温暖的城市，每年冬天都有大批的鸟类到深圳来过冬，那马上在深圳湾就有一个鸟展，如果你是导游，你会怎么向别人介绍呢？
纸	项目活动"纸"：纸飞机为什么能飞？影响纸飞机飞行的因素有哪些？在折纸飞机的过程中，需要注意哪些问题？	如何折出一架飞得远的纸飞机？
马齿苋	项目活动"马齿苋"：为什么只有在幼儿园的湿沙池发现了马齿苋，而其他地方没有？湿沙池因为有马齿苋，小朋友都没办法进去玩儿了，有什么办法可以解决这个问题吗？马齿苋可以做什么？班上的新鲜马齿苋太多用不完，怎么办？马齿苋的储存方法有哪些？	湿沙池里长了很多马齿苋，导致小朋友没办法在里面玩儿，拔出来的我们又吃不完，这么多新鲜的马齿苋，我们可以用来做什么呢？

老师们第一次与第二次问题设计对比

　　看到第一次教研活动的成果，我为老师们的变化而感到满足。但同时我也在问自己，一次教研活动让老师们了解什么是驱动性问题就足够了吗？他们第二次修改的问题难道没有更进一步的空间了吗？念念不忘，必有回响。我觉得落地的教研活动一定是跟老师们日常教学活动所挂钩的，因此教研活动不应该停留在让老师们了解"是什么"，更重要的是"怎么做"。除此之外，既然老师们都已经有了第二次的问题修改，那么我理应将大家的亮点和需要改进的地方提出来与大家共同探讨。因此，如果说第一次教研活动解决了"什么是驱动性问题"，那么第二次的教研活动我则应该引领大家设计一个"优秀"的驱动性问题。

　　所以在第二次教研中，我同样结合实例，以老师们之前修改的问题为例，去论述驱动性问题的种类、生成问题的步骤和策

略。虽然这次我讲解的部分较多，但由于每个环节都结合了老师
们修改的新问题作为例子去讲述，所以相比第一次教研，第二次
教研中老师们明显专注度更高，他们更关注自己修改的问题是否
适宜、属于哪种类型以及使用了什么生成策略。

以第二次修改的驱动性问题为例，
论述驱动性问题的种类、开展步骤以及生成策略

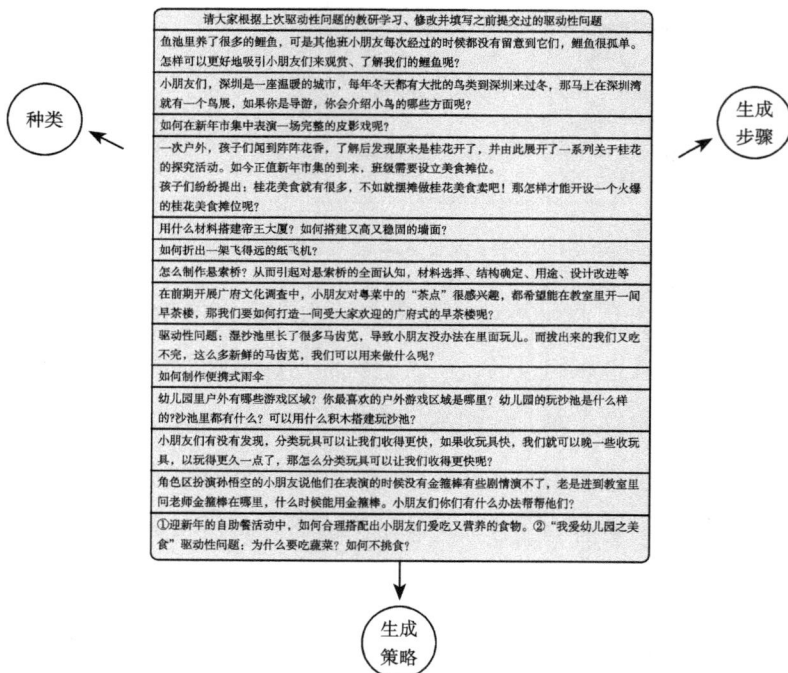

请大家根据上次驱动性问题的教研学习、修改并填写之前提交过的驱动性问题

鱼池里养了很多的鲤鱼，可是其他班小朋友每次经过的时候都没有留意到它们，鲤鱼很孤单。怎样可以更好地吸引小朋友们来观赏、了解我们的鲤鱼呢？

小朋友们，深圳是一座温暖的城市，每年冬天都有大批的鸟类到深圳来过冬，那马上在深圳湾就有一个鸟展，如果你是导游，你会介绍小鸟的哪些方面呢？

如何在新年市集中表演一场完整的皮影戏呢？

一次户外，孩子们闻到阵阵花香，了解后发现原来是桂花开了，并由此展开了一系列关于桂花的探究活动。如今正值新年市集的到来，班级需要设立美食摊位。

孩子们纷纷提出：桂花美食就有很多，不如就摆摊做桂花美食卖吧！那怎样才能开设一个火爆的桂花美食摊位呢？

用什么材料搭建帝王大厦？如何搭建又高又稳固的墙面？

如何折出一架飞得远的纸飞机？

怎么制作悬索桥？从画引起对悬索桥的全面认知，材料选择、结构确定、用途、设计改进等

在前期开展广府文化调查中，小朋友对粤菜中的"茶点"很感兴趣，都希望能在教室里开一间早茶楼，那我们要如何打造一间受大家欢迎的广府式的早茶楼呢？

驱动性问题：湿沙池里长了很多马齿苋，导致小朋友没办法在里面玩儿。而拔出来的我们又吃不完，这么多新鲜的马齿苋，我们可以用来做什么呢？

如何制作便携式雨伞

幼儿园里户外有哪些游戏区域？你最喜欢的户外游戏区域是哪里？幼儿园的玩沙池是什么样的？沙池里都有什么？可以用什么积木搭建玩沙池？

小朋友们有没有发现，分类玩具可以让我们收得更快，如果收完玩具，我们就可以晚一些收玩具，以玩得更久一点了，那怎么分类玩具可以让我们收得更快呢？

角色区扮演孙悟空的小朋友说他们在表演的时候没有金箍棒有些剧情演不了，老是找到教室里问老师金箍棒在哪里，什么时候能用金箍棒？小朋友你们有什么办法帮帮他们？

①迎新年的自助餐活动中，如何合理搭配出小朋友们爱吃又营养的食物。②"我爱幼儿园之美食"驱动性问题：为什么要吃蔬菜？如何不挑食？

（种类） （生成 步骤） （生成 策略）

"问题"的总结——坚持前行

经过"驱动性问题"教研活动后，老师们在项目活动中更加重
视驱动性问题的确定，以及关注对孩子提问的方式与技巧。老师们
在教研中的成长，无疑是我初次尝试教研的最大收获。于我而言，此
次教研的意义重大，是为我寻到了一个起点，蹚出了一条道路。

　　首先，教研应看见老师，才能实现双向奔赴。一开始在我苦苦查阅资料的时候，我以为教研是我一个人的挑灯夜战。然而，在实践中，教研准备不仅仅是翻阅理论，更重要结合本园老师的实际需求，才能制订具体可行的教研方案。所以通过问卷调查以及与老师们沟通了解后，我深切感受到教研与一线老师密不可分的关系，它扎根教学实践，才有后面的理论高度。

　　其次，教研应脚踏实地，指向老师的实践需求。一开始我的教研目标只局限于让老师们认识"什么是驱动性问题"。但我们的老师每天都在与孩子进行互动，时时刻刻都在真实的教学现场中。因此，要让他们真正理解"是什么"就必须与"怎么做"联系起来。教研的落地应该掷地有声，能实质上为老师提供有效的实施策略，这样即使老师在理论层面没有完全理解，也能在实际操作中实现"做中学"。

　　最后，教研要有不惧问题的魄力，边学边做成为引路人。在刚刚接手教研任务时，我也曾陷入自我怀疑，感觉自己还没有十足的把握能够对各方面的教育问题进行深入的钻研。但在此次教研中，面对焦虑我并没有停止行动，相反，在准备的过程中我一直研究资料，不断学习，从开始对驱动性问题的懵懂到后来做大家的引路人，这给予我很大的信心与力量。

　　行而不辍，勇毅笃行。经过此次教研，我明白了行动的意义，我不需要自己有多完美，也不需要有十足充分的准备再开始，只要一直在前进行动，总会迎来"柳暗花明又一村"的豁然开朗。在未来的教研路上，我会继续坚持前行，为老师、为学前教育共谋发展。

同理心：化解家园矛盾的调和剂

——基于一次处理幼儿摔伤后脑勺事件的心得体会

深圳市南山区华侨城世界花园幼儿园　蒋平

以尊重、平等、合作为原则，争取家长的理解、支持和积极参与，在家庭与幼儿园之间形成促进幼儿园发展、教师成长的教育合力，最终实现为幼儿提供更优质的保教服务，是每位园长和家长的共同心愿。自然，从园长到教师都是十分重视家长工作的。但每一位教师、每一位园长处理家长工作的水平是在日积月累的工作中逐步提升的。我在园长岗位工作了四个年头，四年来一直深感家长工作的不易，尤其是家园间出现矛盾时，园长既要面对家长，还要面对教师，情况更为复杂。但万变不离其宗，在每次成功处理家园矛盾事件背后，"同理心"都是我重要的工作"法宝"。

一、事件回放

放学时间，保安打电话到我办公室，反映有家长在门口大吵大闹说孩子受伤了要见园长。家长情绪十分激动，说刚刚接孩子时，老师告诉她孩子在上午户外活动时从体育箱上摔下来，后脑勺受伤。家长愤怒的是：孩子上午受伤，老师放学时才跟她说，没有第一时间告知家长；孩子跟家长说头晕头疼想睡觉，家长担心孩子脑子里有内伤，幼儿园没有第一时间将孩子送医院，担心耽误了最佳诊治时机；孩子是被小朋友从箱子上拉下来的，认为老师安全教育工作不到位，安全意识不到位，质疑老师沟通内容的真实性，要求马上看监控；老师辩解说事故发生前已提醒过孩子注意安全，但孩子不听才导致意外发生，老师没能认识到自己工作失误，推卸自己的看护责任，要求幼儿园严肃处理该老师。

二、案例分析

1. 从孩子角度分析

孩子受伤时，老师数次询问孩子有没有头晕，孩子回答说没有。但当家长得知孩子头部受伤，马上询问孩子"会不会头晕？会不会想睡觉？"孩子马上回答说头晕、想睡觉。家长询问孩子时情绪紧张又愤怒，孩子被家长的过激反应惊吓到了，从而顺应成人的回答。

2. 从家长角度分析

孩子是每个家长的心肝宝贝，是每个家庭的重中之重。只要孩子受伤，一定会牵动每个家长的心。再加上孩子受伤后教师没有及时跟家长沟通，家长不明就里，心疼、担心、愤怒均是正常反应，均能理解；我们了解到孩子的父母均是高龄得子，对孩子格外疼爱，平时总担心别人欺负他，担心他受伤；孩子从箱子上掉下来，担心有内伤也很正常，这能理解；教师没能认识到自己的错误，而是赶紧辩解推卸责任，家长当然很生气。

3. 从教师角度来分析

不能将小朋友从箱子上拉下来是常识，说明教师对孩子在户外活动中的安全教育没有做到位，教师没能及时制止孩子的伤害行为，安全意识不够；只是简单冰敷处理伤情，没有进一步检查，风险意识不够；教师在放学时才告知家长情况，家园沟通意识不够；教师辩解说事故发生前已提醒过孩子注意安全，但孩子不听才导致意外发生，教师没能认识到自己的工作失误，专业度不够。

该教师是新手班主任，同时也是刚毕业入职不到两年的新手老师，年轻气盛且没有太多的家园沟通经验，当面对家园矛盾时不知道如何去争取家长的支持与理解。眼看家园矛盾一触即发，身为园长，理所当然要肩负妥善处理之责。我分析，家长之所以会情绪激动，主要原因是教师没有换位思考，只知道自己想什么，不知道家长的心理活动，没有很好地运用"同理心"去替家长着想。所谓"同理心"，简单来讲就是换位思考，在与人交往过程中，我们要站在对方的角度去体会对方的情绪和想法、理解对方的立场和感受，并站在对方的角度思考和处理问题。

三、管理策略

1. 园方同理家长，让家长吃一颗"定心丸"

园方运用"同理心"，站在家长的立场去理解家长，想家长所想，急家长所急，解家长所忧。在了解清楚情况后，为了让家长尽快平复情绪，我主动去看望孩子和家长，以同情的口吻表达对孩子受伤表示难过；对家长的愤怒的情绪表示理解，表示将心比心，哪个家长看到自己孩子发生意外受伤都会有情绪波动；对孩子在园发生意外受伤致歉；调取事故发生时的监控，让家长了解到真实的事故发生经过，建议马上送医院进一步检查，检查费用由幼儿园承担。

家长听到我诚恳的解释，感受到我负责任的态度，家长情绪逐渐平复。随即，安全主任、园医、班级老师、孩子家长将孩子送往医院做进一步检查，检查结果表明无内伤，打消了家长对孩子伤情的担忧。检查结束后，我再次强调了当事教师没有及时、主动、细致地跟家长沟通，户外活动时没能及时阻止事故发生，是园所、班级工作做得不到位；拉孩子下来的家长和孩子登门道歉，对孩子进行安全教育；请心理老师对家长和孩子进行心理疏导，帮助孩子正确面对受伤事件后身体的反应，帮助家长理性思考下一步积极的沟通策略。在一系列措施后，家长也慢慢冷静下来，反思说一直觉得幼儿园保教质量很高，教师偶尔的工作失误也能理解，但希望幼儿园加强安全教育，以后类似事情尽量不要再发生了。

我站在家长的立场去理解家长的行为，通过将心比心的心理分析、理解对方的做法。家长因为感受到了园长对她的理解，以及对这件事的重视，言谈中感受到了园方对家长的尊重，因此也就对园方减少了误会，避免了矛盾升级。

2. 园方同理教师，为教师开一张"同理方"

当事教师听说家长在幼儿园大门口大吵大闹，还要求幼儿园处分她时觉得既委屈又愤怒，她在园长室失声痛哭，表明自己看到时事故已经发生，这是正常的意外事故；孩子受伤只是意外，教师也按流程到医务室进行处理，况且她判断伤情并不严重，在放学时间段跟家长沟通并无不妥。她不但没有察觉到自己在工作中有什么失误的地方，还认为家长纯属欺负她年轻。处理家长工作需要运用"同理心"，对于教师在工作中出现问题时同样需要运用"同理心"。首先，我宽慰她在家长工作中出现问题也是新手教师比较常见的事情，幼儿园一定会和她共同处理好这件事情。其次，跟她明确表示园长能够理解新手教师成长需要一个过程，并没有要处分、批评她的意思，让她放松内心和我一起抽丝剥茧分析原因，寻找一些妥当的后续处理办法。我们分析原因，一方面是缘于家长对新手教师不信任，另一方面也缘于教师在孩子发生意外事故时没能及时和家长沟通。如果在意外发生时，教师能第一时间通知家长，报告孩子受伤经过、园医处理方和诊断意见、征求家长是否需要进一步就医等，家长才会真正感觉到你的细心、关心和爱心，能够争取家长理解，家长就不会在放学时在幼儿园门口激动指责；当家长与教师沟通有情绪时，教师没有马上换位思考并找到合适的沟通技巧，而是一味地进行自我辩解推脱责任，更加激起了家长的反感。该教师在感受到我的善意后，慢慢平复心情和我一起复盘分析，终于明白了自己工作的不妥之处，对接下来可能带来的严重后果有点惶恐，问我：那接下来该怎么办呢？

我跟该教师分享了我刚参加工作时失败的家长工作经历，也分享了随着工作经验增加成功处理家园矛盾的几个案例，我把成功经验总结为"同理心"，意思是将心比心、换位思考，多设身处地去感受和体谅家长，也就是现实生活中常说的"人同此心，心同此理"。该教师刚走上工作岗位，还不能够理解家长对孩子的万般疼爱和呵护，再加之该案例中的家长是高龄得子，尤其怕对孩子照顾不周，因此，家长对教师的要求和期待就更高。要想平和地处理好这件事情，教师要运用"同理心"，要端正心态主动找家长沟通，让家长体会到老师的诚意。

3. 教师同理家长，家园沟通的"调和剂"

园长秉持"同理心"工作原则，在和该教师推心置腹沟通后，该教师在事情发生的第二天晚上主动家访。和我预料的一样，该家长拒绝教师进家门，还把教师送的礼品扔到门外，但这一幕我跟教师预判过，教师并没有心理波动。教师带着礼品上门家访被拒，但家长的愤怒情绪和对教师的敌意应该是减少了。第三天晚上，教师再次带着礼品上门家访，家长冷淡接待。教师诚恳地向家长反思工作失误之处，也详细反馈孩子在园时师生间亲密互动的种种点滴，表示今后会更加关心孩子的生活和学习。家长在了解到教师十分关心孩子、师幼关系亲密后，家长慢慢放下思想包袱，表示从第二天起正式返园，家园矛盾在多方"同理心"理念引导下化干戈为玉帛。

回忆起我四年园长工作岗位中经历的家园矛盾事件，有延误最佳沟通时间导致家长往上级部门投诉的，有沟通不到位导致家长不认可幼儿园工作转学的，我每次主动从中吸取经验、教训，逐渐感受到"同理心"是化解家园矛盾的调和剂，是能够妥善处理好家园矛盾、让家长满意、让教师进步的一剂良方。

孜孜不辍，且行且歌

——走向热爱之思　走向超越之思

深圳市龙华区鹭湖外国语小学附属懿花园幼儿园　鲍影

职业生涯的三次跃迁

德国哲学家雅斯贝斯说："教育的本质意味着：一棵树摇动另一棵树，一朵云推动另一朵云，一个灵魂唤醒另一个灵魂。"从教17年，我深刻地领悟了这句话，并在教育事业中不断践行。从初出茅庐的年轻教师，逐步成长为教学管理者，最终蜕变成为一名园长。在这段旅程中，不同的是工作角色，相同的是从未改变的教育初心。

不给未来设限，才会精彩无限。本着滋养每一个稚嫩生命的初衷，迈着教学研究的步伐，最终踏上运筹帷幄之路，不同的身份不只是一个又一个标签，更是一份份沉甸甸的责任。面对挑战我从不回避，面对空白和无垠我选择添上绚烂的色彩，一路走来，一个又一个卓有成效的实践，都是岁月给予的成长贺礼。

一、向下扎根——一线教师的初心播种

十几年前，作为一名一线教师，我怀揣着美好的初心，和孩子们同游于游戏和学习的世界，去探索和发现世界的美好。我希望当孩子们遇到困难时，我能够伸出帮助的手；当他们伤心时，我能够给他们一个温暖的拥抱；当他们开心时，愿意与我分享心中的喜悦。我的世界很大，满满的都是初生的花朵。

我愿做一个年轻的"花婆婆"

《花婆婆》是大家耳熟能详的绘本。作为一名一线幼儿园教师，我的理想就像"花婆婆"一样，是把爱的种子撒在每个孩子的心里，做让世界变得更美丽的事。

记得当年，我们班的小美是个特别黏人的小女孩，因为家庭原因，她从小缺少父母的陪伴，刚刚入园时，对上幼儿园特别排斥，一直黏着姥姥。一天早上，姥姥因为她的不停哭闹对她失去了耐心，开始用训斥的方法让她放手，甚至动手打她。我立马制止，抱起小美并安慰孩子姥姥。小美从小就跟着姥姥长大，看到姥姥带小美力不从心，着急难耐，我决定帮助小美。那段时间，我每天都会关注小美的一举一动。虽然小美总是哭闹，但只要老师给小朋友讲故事她就会安静地听；在她开心的时候会称赞小朋友的发卡很漂亮，还会称赞老师的衣服很美；她中午不愿午睡，说睡房里面太黑了；她和体育老师特别亲近。我意识到小美是因为缺少关爱而产生的分离焦虑，她时常称赞别人是因为她也需要

同样的称赞，她需要别人关注她、爱她。此后，每天早上小美入园时，我都会让体育老师和我一起去接她；我会经常称赞她的衣服很漂亮，称赞她的笑容很甜美，表扬她帮助了身边的小朋友，告诉她我好喜欢她；在区域活动时，我都会留在阅读角陪她看各种绘本；午睡前，我会等她进入睡房盖好被子再关灯，用极小的声音在她耳边讲故事。就这样日复一日，有一天我的故事刚讲到一半，我发现小美已经睡着了，她紧闭着双眼，小鼻子因为呼吸而一张一松，看着这个熟睡的小天使，我知道，她已经接受并相信我了，我被允许在她的世界里生活了。我知道，我用爱种下的种子已经开花了。

当时作为一线老师，我坚信孩子们是有差异又具有无限潜能的个体，我不断了解他们的故事、发现他们的优点和喜好，陪在他们身边，以朋友的姿态给予他们帮助和引导。我小心翼翼地把握孩子心灵的细线，我知道总有一天这些细线会编织出世界的未来。我，一个年轻的"花婆婆"也为此一直努力着。

二、向上生长——教学管理的智慧积累

在一线做教师的11年里，我沉淀了丰富的经验，这些经验于我而言都是宝贵的财富，让我顺利地升为龙华区公办幼儿园的教学园长，顺利地完成从一线教师到教研员，再到教学管理的跃迁。做了教学园长后，我开始转变角色，重新架构一线经验，用理论结合实际，建构园本课程，规划教学管理，带领教师专业成长……"要想给别人一碗水，自己要先有一桶水"，所以，自己

的学习和思考是必不可少的。我惊喜地发现，老师们在工作中会遇到各种各样的问题，而我运用专业帮助他们解决问题，给他们指引，慢慢地，整个团队变得积极向上，逐步走向专业。

让自己和团队变得更优秀

做了教研员之后，我更加关注自己的视野和能力提升，近几年先后参访了贵州大学、重庆师范大学、北京师范大学、湖南师范大学、上海复旦大学等，高校访学和各地培训的经历，不仅可以让我了解不同城市高校的文化，还可以参访当地最好的幼儿园，学习他们的宝贵经验，用更高的视角重新思考幼儿园的课程建设及教师发展。同时，我加入了名园长工作室，不仅拓宽了视野，还跟着优秀的园长们学习专业，认识了很多志同道合的伙伴。在工作室研讨交流的过程中，我们会探讨作为教研管理者的专业意识、专业情怀、学科知识、教研知识等，我们还会一起研讨如何构建有特色的教育课程，如何能针对性地指导教研和园本研修。我们了解到，不光是自己做教研，我们要做到聚焦教学关键问题，带领团队研究并在实践中改进。那时，我给自己定下一个小目标——做一名"接地气"的教研带队者。作为龙华区督学，我会把公办幼儿园的经验和好的做法传递给我的责任区所属的4所幼儿园，在指导别人的同时，我也不断反思和总结自己的工作。

做满三年教研员，我继续拼搏，成为一名教学园长，我的身份又变了，我开始站在更高的舞台，思考幼儿园的课程，搭建课程框架，我开始尝试把自己对教育的理解在幼儿园落地。我想，作为教学园长，我要做的就是让老师们和我一起慢慢走向专业，一点一点地成长。

"知不足而后进，望山远而力行。"一点一滴的实践和经验累积，让我更有信心在学前教育的教研路上寻找惊喜，相信随着研究的不断深入，多一些智慧、少一些平庸，多一些创新、少一些形式，我们的教研之路一定会更加顺畅。

三、静待开花——成就一所有温度的幼儿园

园长既是一份荣誉，更是一种挑战、一份责任，未来我将带着新的使命，引领全体教职员工，建设一所有温度的幼儿园。作为园长，我必须快速转变角色，从单一的工作板块转变成全园统筹管理，这对一个新手园长来说确实不易。经过一年多的努力与尝试，幼儿园各项工作平稳且有序地开展，教职工队伍变得积极向上，孩子们能健康快乐地成长……我是孩子们口中温柔耐心的园长姐姐，我会倾听家长的建议，注重家园共育工作，我与行政团队共同规划幼儿园的发展，致力于让幼儿园的每一个人都有施展才华的环境及成长的空间。

建设有温度的幼儿园

懿花园幼儿园的环境既雅致又富有童趣，融合了所有人的智慧和汗水，在这个大家庭里，每个岗位的人都在默默付出，我在想，用什么形式能把每个人的身影记录下来，让更多人看得到。

　　园刊是我们懿花园幼儿园的传统，一本小小的册子，包含了在这所园里发生的一切，记录了幼儿园的变化和发展，也承载了每个人的成长。众所周知，幼儿园的工作细碎且烦琐，每一个人都在平凡岗位上默默付出，有些人是常常站在舞台中央的，比如老师，但因为工作性质，有些人是不那么容易被看见的，比如厨房的工作人员。因此，我在新一期的园刊上，给每位为幼儿园辛苦付出的人都留了一个版面，我希望每一个人的工作都能被看见，无论你站在台前还是幕后，都能被大家认可。我相信，这种记录方式，是老师们工作的动力，是家园沟通的桥梁，是大家心中的一束光。

　　新生家长报名时，跟我说，看到我们的园刊，他感受到了充满爱的教育氛围；可爱的孩子看到自己的照片出现在园刊上时，会兴高采烈地说："园长妈妈，这个是我，我们在玩游戏。我要让妈妈找一找我在哪里。"这个小册子，记录了孩子们的成长轨迹；一个新手班主任也曾说过："第一次面对这么多家长开会，是一次紧张的经历。但看到自己开会的场景出现在园刊上，再一次感受到了被看见和被认可。"我想这就是一种鼓励的力量，可以支撑她带着温暖和爱走更远。

　　同时，我也一直在深深地思考，培养什么样的儿童才是我们的目标呢？什么是我们的幼儿园文化呢？懿花园幼儿园选择了蒲公英的切面作为标志，蒲公英的花语代表着永不停止的爱，它象征着勇敢、自信、坚持，标志的单个元素是振臂向上的小人，代表着孩子们奋发向上的力量，我们致力于培养立足当下生活、面向未来社会的儿童，让每个童年如花儿般绽放。

作为园长，我坚信"感动有力量，平凡亦闪光""好的团队文化还是可以看得见的"，在懿花园幼儿园，我看见了这里的每一位员工都在闪闪发光，他们在燃烧自己的同时，也在点亮别人。未来，我将继续关注不容易被看见的教育细节，被藏匿的情感，一手抓原则，一手保温度，尽我最大的力量，让我团队中的每一个人都找回初心，拥有自己的太阳。

没有一朵花，一开始就是一朵花。每一朵花的绽放必然要从种子开始，发芽、生根、成长、开花。我的成长之路亦是如此，向下扎根，向上生长，静待花开。从"花婆婆"到教研员、教学副园长，再到园长，立足当下、望向未来，我愿携手我的教育伙伴们共同进步，砥砺前行。愿我们有无所畏惧的勇气，愿我们的成长一路生花，愿我们能在教育之路上，遇见光，追随光，成为光，在照亮自己的同时也照亮他人。

做一个有教育思想的管理实践者

深圳市南山区大冲都市花园幼儿园　乔芳

幼儿教师是一个光荣的职业，是幼儿成长与发展的引路人。我热爱这份职业，因为和孩子们在一起共同学习与成长，每天都让我感受到无限的幸福与满足。2017年，在这个充满爱与温暖的领域，我从一名普通的老师迈向了后勤管理岗位，这一路见证着学前教育的改革、转型与高质量发展，我十分庆幸自己能够一直坚持自己的职业选择，也深知这是一份值得为之奋斗的事业。在成长过程中，我也在不断对自己的工作进行反思，不断领悟"做一个有教育思想的管理实践者"这句话的真谛，同时付诸行动，去寻求一份满意的答案。

记得初次走上后勤管理工作岗位时，总园长意味深长地对我说："后勤管理烦琐且严谨，既讲究方法又要出效率，承上启下，要受得了委屈，经得住磨炼，你确定自己已经做好准备了吗？"当时我自信满满，想我擅长管理、沟通协调能力强，幼儿园的管理对于我来说应该不是什么难事。但当我真正深入后勤管理工作后，才意识到并不是我想的那么简单。当年我所在园所是一园三址的民办园，管理结构复杂。总园设置四个职能部门，而管理人员每周要到三个园所轮流上班，三个园所虽然距离不是很远，但每所园的后勤管理工作要想按质按量落实到位着实不简单。在前期管理工作中，我总觉得时间不够用，正常上班时间处理各园公务，午休用来填写报销单，寒暑假基本泡在大小零星维修、改造、环境创设上，被事务性工作压得分身乏术，疲惫不堪。那个时候的我，只是机械地将任务做完，追求着达标，但忽略了后勤管理工作背后的价值思考。

在很长一段时间里，我一度怀疑自己能力不足，在放弃与坚持之间徘徊。忙真的不算什么，只要合理调配好时间，事情总能干完，但有些事不是忙碌、勤快、使劲就能解决的。例如，食品安全管理工作责任重大，面对现实摆在眼前的三个食堂现状：食堂规模小、工作人员学历偏低、工龄久、年龄大等问题，我自身也还处在一边学习一边管理的阶段，改革创新举步维艰，新规落实困难重重。这时候，责任在身的我没有放弃，而是着手思考如何建立一个良性文化管理模式，改变被动管理，形成一支主动向上、良性竞争的团队。一次，我希望食堂丰富幼儿、教职工菜品，定期推出新品。三个食堂异口同声说人手紧张没办法，当时的我说："没有干不成的事，只有不想干的事。我们每一个从事幼教工作的人，不分职位，都是有教育情怀的工作者。我们有别于其他行业，是因为我们每个人都肩负教育使命，当我们的工作做好了，我希望有人主动为大家代言，让辛苦站在后勤的你们有机会走到前台，受到教职工、幼儿、家长的认可，像老师们一样有鲜花、有掌声、有荣誉，我负责搭架子、建平台，大家负责各司其职积极配合，为实现共同目标、促进团队发展贡献力量。"话音刚落，可能着实激励触动到了大家的心，集体响起了掌声，大家并纷纷表示一切听从安排。这一刻，是我接手后勤管理的一个开端和转折点，不但让我找到了信心，更坚定了我为共同目标而积极向上的决心。目标已定，我坚定不移地朝着既定目标努力奋斗，成就更好的自己和团队，开启了三部曲的美好篇章。

一、行动为先，优化团队建设

"行动"是最好的表态，"落实"是最有力的担当。为了建设高素质的后勤团队，我用"行动"寻找捕捉关键问题，针对前面提到的食堂问题进行了一番深入调查。在"一致方向、再务实行动"的"两步行动"策略中，我首先与厨房人员达成共识，希望通过制定明确的管理策略和引入辅助设施设备来解决食堂问题。接着，我付诸行动，清晨5：00准时到园查看食堂岗位工作流程，从验菜、粗加工、洗切、操作、台账记录等一系列流程进行跟进。几天下来，我发现每个人在幼儿、教职工早餐前都没停歇，"人手紧张"现象确实存在。

那么具体问题出在哪里？预设的策略能够解决吗？在更进一步的蹲守和观察中，我发现真正的问题出在"人"的身上：厨师、面点师年龄偏大，动作相对比较慢；园医与厨房班长沟通不畅，固化思维模式很难改变；团队沟通靠硬性制度要求，言语缺少理解与尊重，管理存在惯性排斥状态。我渐渐意识到要想改变现状，首先要先改变大家的思维模式，要想改变人的思维，必须真抓实干赢得人心。为此，我采用"树立典型、以优促优"的互观互学模式开启新篇章。首先，明确层级管理职责，竞选园医组长，形成梯队管理模式；其次，力求精细管理，建制度，出策略，添置切肉机、切菜机，用设备替代人工操作，先把人从繁忙的状态中解脱出来，再通过树立典范促优，人文环境建设、家园合作力量等提供多方位、多途径、多元化学习交流机会提升管理质量。事实证明，没有管理不好的团队和人，关键在于如何正确沟通。直到今天，我历任的园长对我评价中总少不了一条："你的执行力永远快又准！"我深知，知行合一，意识到了，就务实行动起来，落实是最有力的担当。

二、专业引领，实现高标准零容忍

后勤管理工作是幼儿园教学工作开展及相关政策落实的可靠保障，这也要求管理工作能够执行快、效率高、意识强，在不断学习成长过程中，我对后勤园长这个岗位的理解又有了新的认识和感悟，除综合能力强，还需具备敏锐的洞察分析和控制能力。如果说前期跟岗是为了发现问题，那么过程监管就是为了落实制度执行，而制度定了不去落实就等于空谈。

进入2019年，正值幼儿园民转公的阶段。在一次日常巡查监管中，我发现已经斩好的排骨上有红色细微杂质，一路追溯原因，原来是操作人员用了切配蔬菜的塑胶菜板斩排骨，这样的操作既违反了相关管理制度，也造成了食品安全隐患。为此，我首先即刻启用应急管理方案，将已污染的排骨处理掉。针对这个典型案例，我进行梳理，开展研讨和自我批评反思，用自身行动和事实告诉大家，"严格"绝不是空话，必须意识清晰、严格执行。"简单的事情重复做好，重复的事情用心做好，用心的事情坚持做好"，其中的"做好"不仅是履行职责，更承载着责任与担当。如果这个概念模糊了，那一切的高标准、零容忍都是空话。从此，"细"又在我的职业生涯上涂上了重重一笔。在我的影响下，团队把食品安全零容忍深植思想意识中，为后期推行精细化管理、传承文化促园管理做好了基础铺垫。

三、不断突破，创新管理模式多举措

凡事不做则已，要做就一定要有成效，就是这么一股不服输的精神让我一路从后勤"小白"成长为专业的后勤园长。2019年12月，我在职期间协助总园长完成最后一所园的民转公工作。2020年8月，因集团管理需要，我被调到新建公办幼儿园——大冲都市花园幼儿园，任副园长职务。在这个新的工作岗位上，我结合公办幼儿园的规章制度完善建章立制工作，不断探索科学有效的管理方法，力求做好"四到"：计划到手、责任到人、跟进到位、效率到家，实现精细化管理。我深知，管理就像个艺术活儿，要不断思考、不断雕琢才能呈现最完美的一面。

精细化管理推行成熟后，我将目光投向如何更好地探索保教

与后勤工作的协同，如何更好地配合教学工作研讨。例如，基于目前的设施设备及环境，如何顺利帮助小班幼儿度过适应周？从食品安全管理的角度，大家认为小班幼儿可以先不用餐盘，而是遵循家庭教养模式，先提供餐碟和碗。同时，从安全角度，有人提出小班洗手间增加一个蹲便，以预防个别幼儿不会蹲坑如厕等问题。听到大家能各抒已见，提出建设性的意见，我深感欣慰，这正是我所追求的以人为本的管理模式。

后勤工作就是讲奉献、讲大局、讲协作、讲原则、守底线。在今后的工作中，我将始终以"行动、精致、创新"为基本原则，坚持以人为本，做到精心管理、贴心服务、用心育人，匠心匠魂植入，不断提高管理水平，优化服务质量，使后勤管理与服务逐步走上规范化、高效能的轨道，为打造幼儿园的办学品牌，提高办学水平和育人质量做好强有力的后勤保障。我想，这就是我作为一个有教育思想的管理实践者的管理意义。

做园所发展的领路人

——新手园长的所思所行

深圳市南山区新桃源幼儿园　栾红枫

园长，是园所的领路人，是问题的启发者和行动的倡导者。园所的长远发展，需要每个人都发力才能共同迈向成功。

在一所幼儿园中，建立良好的组织氛围对于保障教师的工作效率和提高保教质量起着举足轻重的作用。园长不能仅仅是"一言堂"，而应为教职工提供平台和环境，打造平等、共享的工作氛围。

作为从一线老师走上管理岗位的园长，任职过不同岗位，我深深理解各岗位工作的重要性，明白各岗位上的人在具体工作中会面临哪些困境或经历哪些瓶颈。因此，我也清楚地知道他们需要怎样的支持和帮助。这样的了解也让我更愿意尝试寻找更好的解决方案，实现团队的共进、共赢。

南山区新桃源幼儿园2020年年初由民办转为公办性质，三年过渡期间，家长互动交流仅停留在政策宣讲、日常工作配合等方面，家园之间缺少深入交流和理念共通。加之转公后幼儿园无法给家长提供各种个性化的服务，如开晚餐、请外教、开设各种兴趣班等，家长对班级、对幼儿园的认可与支持度始终不高。

新桃源幼儿园所在的小区是一个以租户为主的大型社区，家长的素质参差不齐，家长的教育理念亟须引领和转变。家长的认可和支持关乎新桃源幼儿园教育质量的提升。社区内幼儿园众多，新桃源幼儿园因历史遗留问题及园舍从外观上看存在的短板，亟须通过"软件"水平提升家长口碑。

经过三年来的不懈努力，幼儿园过渡平稳且呈现出蓬勃发展的良好态势，为了更好地形成家园合力、实现家园共赢，家长工作被列为本期工作重点，既要解决积弊，又要寻求突破，作为一园之长，我应该首先具有长远发展的意识，有追根溯源的务实精神，为此我先进行了自我的批判式思考。

我的批判式思考

做法	具体内容	优势	不足
常规做法	园长充分分析幼儿园家长工作现状后，制订出行动方案，召开行政会，分配任务，各自行动	可以快速并全面铺开各项工作	执行者不明所以然，难出好成效
放权做法	交给分管家长工作的副园长，要求她带领分管部门做教研，形成具体方案并推进落实	对三年来家长工作有一定了解，容易找出存在问题和解决策略	家长工作仅在幼儿园一个部门的工作中有体现，难以形成系统和全面性，成效性不佳
共赢做法	正确认识家长工作成效对幼儿园发展的重要性，全园各个部门对家长工作都至关重要，唯有协同联动，才能让家长工作系统化、全面化	在思想上达成共识、行动上形成一致	

综上所述，一场联席会议势在必行。

我召开了全体行政、保健医生、厨师、级组长、电教、办公室干事联席会议。会上，我分析了当前幼儿园家长工作的现状，抛出了需要克服的困难和解决的问题，请大家畅所欲言，集中智慧、群策群力"渡过难关"。

会上教学园长率先发表了看法：本学期，拉近家园距离是家长工作的一个重点目标。教学部门本学期将继续做好常规家长工作，包括园级家委会、班级家长会、家长学校、家长开放日、家长义工活动，在开展每一个活动时，会再次研讨，在原来的基础上优化内容和形式，以达到更好的效果。另外，可以组织一些面对面的活动，增进家园之间、家长之间的联系。首先，安排每月一次家长助教，以小组为单位开展助教活动，给每一位家长提供平等的机会，满足家长的入园需求；其次，日常多创造一些家长进园的机会，可以做义工、做评委、做观众；最后，鼓励以班级为单位家委牵头组织春游，增进家长之间的联系，增强班级凝聚力。

作为家长工作的主要负责部门，教学园长结合幼儿园实际情况，明确了本部门家长工作的重点及具体活动。

紧接着，后勤园长针对后勤岗位做了启发式引导："以往家长工作更多的是教学这边在主导，后勤部门参与和主导的家长工作非常少。幼儿园是保教结合的，保育水平和服务水平更多地与后勤相关，家长首要关心的，是孩子在幼儿园有没有受到良好的生活照料。因此后勤部门在家长工作方面也有很大的可为空间。

请后勤人员结合各自岗位谈一谈在家长工作方面还可以有哪些作为？"

后勤园长的引导，对此次会议起到了推波助澜的效果。的确，家长工作不仅仅是教学部门、教学岗位的事情，跟园所各个部门都有关联。幼儿园一直以来家长工作都以教学部门为主导，想得多、做得多，围绕后勤服务保障、园所宣传方面开展的家长工作比较少，后勤园长的问题很好地补充了幼儿园家长工作的短板。

此话题一抛出，后勤人员结合各自岗位纷纷发表看法。

安全主任说："幼儿园一直以来都把幼儿的安全和健康放在工作首位，但是家长对以上两项工作的了解非常少，我们的工作不容易被家长看见。这学期开始，每个月的安全大检查，可以考虑让家长参与进来，一方面从家长的视角再帮我们找找漏洞，另一方面也能让家长了解幼儿园对于安全工作是非常重视、做得比较细致的。"

这真是个非常好的点子！一方面加强了园务公开，提高了家长参与监督管理的作用；另一方面可以从家长视角给幼儿园安全工作上一道双保险。

电教老师说："幼儿园可以开通视频号，多角度展现新桃源幼儿园的工作和日常，加大对外宣传力度，让家长和外界更多地了解我们，这样才能扩大幼儿园的影响力。我以后有意识地拍一些素材，剪辑一些视频，也需要老师们一起制作视频，积极供稿，有意识地扩大宣传。"

保健医生说："这学期能否尝试把家委会放在上午时段开，会后和家长共进午餐。以往我们有意识地请家长品尝幼儿点心居多，这次以共进午餐之名请家长直观感受幼儿园正餐，同时大家一起聊聊天，进一步拉近家园距离、增进家园感情……"

一番讨论下来，让大家的思路越打越开，从家长工作谈到日常工作，从解决问题到查找问题、反思问题，热烈且有智慧的会议氛围让参会的每个人的参与感、被重视感、被认同和被肯定感得到了极大满足。

我做园长的时间不长，但我深知人是园所发展的重要因素。他们不仅仅是幼儿园的员工还应该是幼儿园的主人。作为园长，应该引领教职工建立团队意识，形成互相依赖和尊重的团队氛围，引导教职工注重工作实践和创新思维，自觉成为幼儿园发展的主人翁，将自己的智慧和经验贡献出来，助力园所长远发展。

成为老师　看见老师　引领老师

——幼儿园管理者的成长历程

深圳市南山区华侨城世界花园幼儿园　蒋平

1992年，我开始踏上幼儿教育之路，从一名青涩的配班老师开始，逐渐成长为一名娴熟的园所负责人。30多年倏忽而逝，在这段职业生涯中我历经了多个岗位，从一线老师、年级组长，到教研员，再到成为园长，在身份的转变中不断打磨自己的教育方法、沉淀自己的教育思考，也不断迎来新的挑战。

从基层做起的实践经历，让我内心始终认同老师是园所保教质量的践行者和顶梁柱。因此，在逐步向管理者过渡的过程中，我希望能够与一线老师们真正站在一起，理解老师、发现老师，既关心老师的专业成长，也与他们一起成长。从实践者到管理者的转变并不容易，其中，有两次关键的契机给我带来了许多灵感和感悟，帮助我走过了"成为老师、看见老师、引领老师"的历程。

一、看见老师，用人所长

在被任命为大班组的年级组长的第一年，我所在的幼儿园刚好开展了建园史上最大型的活动——三十周年园庆。由于临近毕业季，园庆要与大班的毕业典礼合并举行。其中，有一个200多位师生一起表演的节目，大班年级当仁不让地承担了大型节目的表演任务。要把节目排练好、把人员调度好真不是一件容易的事情。虽然有园所领导时时提供支持与指导，但具体落实还得依靠班级老师的力量。身为年级组长，自从接到任务起，我就无时无刻不在思考，一方面要保证演出质量，另一方面我也想在活动中发现各位同事的长处，以此为契机打磨团队并带动专业成长。

在任务布置下来之后，我们开了两次会议讨论节目任务的分配，但谁来"带头排练"的问题一度陷入僵局。我意识到，在平时的相处中总是领导指导得多，而老师们习惯了沉默的"记笔记"角色，许多老师有着独特的闪光点，却不习惯表达或羞于展示。在幼教行业中，我们习惯将"看见孩子""发现儿童"作为开展活动的准则，然而同样是管理工作，却很少有管理者能做到"看见同事""发现老师"。

看见每一个孩子身上的闪光点，发挥每一个孩子的长处，这是在我当老师期间渐渐养成的思维习惯。带着"用人所长"的思路，我将有才艺特长的老师审视一遍，音乐表演专业毕业的小吴老师进入我的视野。小吴老师从教三年，个人舞蹈表演水平非常高，班级晨会节目质量突出，工作中也踏实肯干。我找了年级几个资深老师商量了一下，她们也一致同意由小吴老师来承担排练任务。然而，找到小吴老师谈了两三次，她却一直表现得十分为难，觉得自己刚刚毕业，排练不了这么大的节目、承担不了这么重的任务，为避免搞砸希望另选他人。

作为新手上任的年级组长，我没有太多管理经验可以参考，回家后辗转反侧地想了一夜，列出了三种可以采用的做法：

做法一，既然她表示为难，那就算了，重新考虑一下年级其他人选。下一个老师也有可能不答应，那就直到找到有人答应接下排练任务为止。"另选他人"是幼儿园中很常见的做法，但我意识到，老师在成长过程中常常会出现这样那样的问题，作为管理者如果采取直接放弃的办法，既不利于后续的沟通和合作，也很难促进师资队伍的长远发展。

做法二，根据之前的经验，分析她表现出为难背后的原因，可能是她不够自信，怕苦、怕累、怕担责任。那就多多给予她鼓励，帮助她建立信心，并请领导出面，从行政层面"施压"，请她务必接下这个任务。然而，这只是我的个人想法和猜测，从行政层面"施压"要求小吴老师接下任务，并没有从"根"上解决实质问题，既不能给小吴老师成长提供最优的支持，也不能促进小吴老师最优成长；纯粹的口头鼓励虽然有一定作用，但没有拿出有效措施支持老师的进步，是缺乏智慧的表现。

做法三，她的为难和推托在我意料之中，但我判断她有完成这项任务的能力。那么或许可以听听小吴老师内心的想法，和她充分沟通后找到症结。然而这样做沟通成本比较高，在交流后仍然有被拒绝的风险。

在反复比较和思考后我意识到，第三种做法虽然费时费力，却是最尊重老师、最有利于活动推进的。于是，第二天午休时间，我约小吴老师详细了解了她的顾虑，原来她的内心有这么多担忧：怕节目编排质量不行拖幼儿园后腿，又怕有同样特长的老师说她爱出风头；怕排练耽误班级工作引发班级老师间矛盾，又怕小朋友们常规不好不听她的指挥……了解到她的困惑后，我召集年级组老师开了集体会议，并争取到了领导的支持，在充分沟通后拿出具体的措施（如下表所示），一一打消小吴老师的顾虑。小吴老师开始进入排练编导状态。在整个过程中，年级组老师齐心协力全力支持，配合非常默契。

小吴老师案例中幼儿园的行动、改变和价值

幼儿园行动	带来的改变	蕴含的价值
组织全园有艺术特长的老师共同提供素材、完善方案、制订计划	小吴老师可以按方案有计划地推进排练工作，工作节奏有条不紊	感受团队"传、帮、带"的文化氛围，向优秀的前辈学习，感受前辈的支持与关爱
将有相关特长的老师组成编导团队，明确分工，合作完成这个节目编排	分担小吴老师的工作压力；同龄人有共同语言，工作愉快，收获成就感的同时收获友谊	感受团队分工合作的管理文化，相互配合、相互支持、有商有量共同成长
协调班级老师时间顶班，调派机动老师进班协助工作	小吴老师不必顾虑班级工作，有充分的时间来细化排练工作，节目质量有保障	从幼儿园和班级老师的实际支持中感受大家对她的肯定，并将其转化为动力

续　表

幼儿园行动	带来的改变	蕴含的价值
各班有意识加大常规培养力度，孩子们在排练时安静有序、注意力集中	节目排练进展顺利，每天都能看到节目的高质量进展，给小吴老师树立排练信心	一方面感受到团队的温暖与力量，另一方面学习如何有效培养孩子们的常规，提升专业能力

　　演出当天，小吴老师小小的身影十分沉着地站在偌大的操场中央，当她在指挥孩子们表演时，清晰响亮的声音、毋庸置疑的指令，再配合简洁肯定的手势，恍惚间觉得她是一个胸有成竹的将军在指挥千军万马操练！几百号人的操场静悄悄地，音乐响起，孩子们悄悄地从座位上起来，轻巧地走向舞台，整个操场只有音乐声。小吴老师隐藏在观众当中，用手势在指挥孩子们投入表演时，观众都感动得热泪盈眶。演出结束后，大家纷纷表扬小吴老师，小吴老师很激动地说，感谢这次机会，让她看到自己的潜力，在自己退缩之时，是大家帮助她一步一步迈出去，在遇到困难时，是大家帮助她一个一个突破，这次排练让她终生难忘，让她看到自己的长处，是自己的高光时刻。我想，这是我们俩的高光时刻，她体会到自己的"行"，我体会到自己看见老师、用人所长、充分沟通、协力合作的"行"。

　　现在看起来，我好像没什么了不起的本领，但是我有丰富的一线经验，曾经是他们其中一员，了解老师们的喜怒哀乐，了解每一位老师，这也是我管理团队的优势。园庆活动高质量完成让我开始学会统筹协调，对伙伴们齐心协力完成任务心存感激。

　　"看见老师"的培养人之道，我在后来的工作中一直运用，尤其是当园长后，这个方法在队伍成长过程中颇有成效、屡试不爽。当时的搭档先后都走向了管理岗位，在这次园庆活动中展现的种种做法，例如看见老师的优势和特点、给老师提供充分发挥的平台、尊重老师的主体性等取向，也逐渐成为南山区华侨城世界花园幼儿园管理文化中非常重要的部分。

二、引领老师，因材施策

随着深圳市幼儿园"民转公"的浪潮，市里新增的公办园越来越多，也给了一线幼教人许多机会。在此背景之下，我由教研员直接被任命为园长，这是我专业成长道路最关键的事情。如何让一所幼儿园向着"高质量"发展，我认为关键还是要依靠老师。我着手调整幼儿园师资队伍结构，引进一批应届全日制本科生，以提高老师的专业素养。新入园的老师都还在从学生转变为老师的学习过程中，我一边加大培训力度，帮助他们尽快适应老师角色，一边以签订合同、提供福利等方式稳定队伍，让他们安心工作，尽量减少不必要的流动。

到了第一批新入职老师续签合同的时间，大多数老师都能比较好地适应幼儿园的工作，然而，我陆续听到一些关于某位体育老师的评价：体育课上得不错，其他时间就待在办公室；就上几节体育课，别的就叫不动了；孩子入园时在楼梯间值班玩手机，根本不看护孩子……言下之意，他的工作表现不适合留在幼儿园。作为园长，我该怎么办呢？

做法一，合同到期时，找体育老师谈话，一一反馈自己掌握的情况，从评价者的角度表示该老师不符合幼儿园的用人要求，幼儿园不再和他续签合同。然后，幼儿园重新发布招聘公告，招聘体育老师。然而不从管理的"根"上解决问题，当团队中再次出现个别老师"掉队"时，如果直接采用解聘办法，队伍很难稳定，不利于幼儿园长远发展。

做法二，找其他老师深入了解体育老师的表现，再和体育老师谈话，将了解到的情况如实反馈给体育老师。严肃地提出园所的用人要求，如果体育老师按要求进行了转变，则续签合同；如果仍不改变，则到期不再续签。从表面上，这种做法已经"仁至义尽"，尽到了提醒之责，但我知道这样做实际上依然只是从行政层面"施压"，没有拿出有效措施推动体育老师的进步，也没有以发展的眼光看待老师。

做法三，找到体育老师交流，先不提及是否续签的问题，而是深入了解他的工作经历，了解他的想法和遇到的问题。根据具体情况，分析老师的关键问题缘由，思考是否可以帮助解决。

看到新入行当的年轻人，就像看见了当年懵懂的自己，我能够共情他们的青涩、理解他们的不易，也更希望能够多给他们一点试错的机会，提供职业生涯之初良好的过渡平台。因此，我选择了第三种做法，先不以领导的身份施压，而是与他一对一地谈话沟通。在沟通后我获知以下信息：这位体育老师的基本素质能满足幼儿园对体育老师的要求；经历过小学体育老师、个体户式培训幼儿体能、机构体育老师三段工作，每一段经历都很短暂，所以非常珍惜目前的工作，但由于没有幼儿园工作经历，不了解幼儿园工作模式和要求。

我反思了体育老师出现的问题，本质在于对幼儿园岗位职责定位不清，这不仅是他个人的问题，同时也体现了幼儿园培训和管理体系上的不足。于是，一系列改变开始了：首先，世界花园幼儿园加强幼儿园岗位职责培训，形成岗位职责规范制度；其次，征求体育老师对目前工作的看法和需要得到的支持，逐一落实，促使体育老师个体发生改变；最后，在行政会上和全体老师沟通，表示全体老师需要群策群力，带领队伍要有策略，大家商量出一系列帮助体育老师进步的办法。具体的行动策略如下表所示，通过这些行动，将此次"不签合同"的危机转为全体老师互帮互助的契机，团队凝聚力进一步增强。

老师案例中幼儿园的行动、改变和价值

幼儿园行动	带来的改变	蕴含的价值
组训园篮球队	分别组训中、大班园级篮球队，能明显看到孩子们的进步	尊重体育老师的专业性，培养老师的自我效能感
开展师幼运动会	对老师进行跳马、篮球等体育技巧技能常态化训练；策划组织教职工运动会；策划组织小、中、大班年级幼儿运动会。体育老师对全园老师进行技能指导与示范，常态化指导年级组长策划与训练运动会项目，在老师心目中树立起专业地位，自信心满满	加强与老师互动，同事关系更融洽，存在感和归属感更强，明确分工，找准自己在团队中的定位

幼儿园行动	带来的改变	蕴含的价值
训练师幼仪仗队	分别训练老师、幼儿国旗仪仗队，负责升旗工作的组织与实施。仪仗队呈现出的精神面貌得到全体教职工夸赞，师幼关系、同事关系、家园关系更融洽、更有归属感	承担体育周边工作，在重大活动中，仪仗队的优秀表现增强了体育老师的自信心与成就感
入离园值班	入园：原来在楼梯间照看幼儿，调整为在大门口组织幼儿排队扫电子哨兵；放学：原来在门口值班，调整为管理家长排队接幼儿放学。体育老师从"幕后"走向"台前"，充分发挥其主观能动性，精神状态明显饱满，工作成效超出预期	重视男性老师资源，突出体育老师男性性别优势，参与幼儿园管理，与行政人员互动更多
学习安全工作	跟安全主任学习安全工作：定期检查消防栓、灭火器，填写安全日报表，参加安保演习与培训等工作。体育老师有"师傅"引领，教学之余有具体的、常态化的工作，工作量饱满，所负责工作质量有保证	有"师傅"指导体育老师做长期发展规划，搭建专业平台，看到成长空间

这次对待体育老师的做法，对全园老师也是一种直观的文化浸润，无论是新老教师，都能放下顾虑地信任我、依靠我。看到彼此的最近发展区、支持同伴和自己的发展、主动争取园长和集体的支持，也逐渐被老师们惯常于行、内化于心。在这次体育老师签合同事件中，我意识到仅仅看到老师的特点、判断他的长处并"用人所长"是不够的，还要基于老师的不同需求进行个性化培养。

不知不觉，在园长岗位即将迈入第四个年头。作为一名老师，我已经有了丰富的经验，但作为一名管理者，如何始终与老师站在一起，带动老师的专业发展，对我来说依然是需要不断求索的课题。我想，我们不仅需要看见孩子的眼睛，看见老师，而且需要以倾听孩子的耐心倾听老师，以培养孩子的方式引领老师的成长。我也相信，在这条走向平等、走向认同、走向专业的道路上，我们都会闪闪发光。

十五年幼教，我的坚守，我的成长

深圳市南山区沙河侨城豪苑幼儿园　谢纯

十五年很长，我从一个手持幼儿教师资格证的花季少女，慢慢成长为一个拥有两个可爱宝贝的妈妈，更成为无数个幼儿园小朋友们心中的"老师妈妈"。

十五年很短，每日挤在潮湿无光的城中村，抑或堵在前往民办幼儿园公交车上的日子还历历在目，此刻，我已每日流连于生机蓬勃、郁郁葱葱的民转公幼儿园中，感受着深圳市政府安居房邻里间互帮互助的温情。

一、初遇——师幼比低，疲惫无奈

仍旧记得，2006年来到深圳后，实习接触的第一所幼儿园，是一个纯私立民办幼儿园，初入幼教行业的我慌里慌张地应付着一个班三四十个孩子，每日一个个地安抚哭闹着要找妈妈的孩子，对于一个没有太多经验的我，每日疲惫且无奈地照看着渴望被关爱的孩子们，内心满是煎熬。记忆最深的是2007年9月带的小班里一个叫可乐的小孩，当时小小的课室里容纳了三十几个新入园的孩子，长得白白胖胖的可乐，就是那个哭得最大声、跟家长的分离焦虑时间最长的典型。幼教的专业素养告诉我，我需要花更多的时间去陪伴可乐，但现实是需要照顾全班孩子的我，也难得有时间单独去陪伴可乐，往往都是让他一个人在一旁哭着，等安抚好班级其他孩子才能抽出时间安抚这个需要更多关爱的孩子。

"深圳僧多粥少，适龄儿童能上一班配备1—2名教师的正规民办园已经很不错了，两年前条件更艰苦。"可能发觉到了我的消极，已来深圳从事幼教行业两年的同事小刘这样开导我。的确，起码这些孩子还能上学，还能感受最新的教育理念。后续几年，辗转于不同的民办园，虽然条件慢慢变好，但"僧多粥少"的现状仍旧存在。

二、相识——价格高昂，望而却步

2017年9月，机缘巧合下，我加入南山区一家私立幼儿园，在这里，一个班25个孩子，4名教师，配备有专职的美术老师、体能老师，儿童会馆课程甚至综合了国内外最先进的教育理念而开展相关的教学活动，每周会有烹饪、外出活动，每天老师们对班级每一个孩子都有详细的跟踪记录，每学期会邀约家长做一对一的家园沟通工作，总结孩子本学期的优势、弱势、进步，和家长一同制定下一学年的跟进方向……在这里，我重新认识了幼教这个伟大的行业，也让我看到了孩子们眼里的光，看到了一批又一批个性鲜明且能主动学习的孩子们。

但高昂的学费，让很多孩子的家长望而却步，甚至连我自己的孩子，在幼教行业整体工资水平低下的情况下，也只能避而远之，我多么希望可以将这么好的教育带给更多孩子，让更多的孩子都能做最好的自己。

同时，在民办幼儿园工作了近十年，接受外出培训的机会少之又少，想要在专业上得到提升或在教育质量上得到提高，光靠教师一个人的努力是没办法实现的，当下教育的环境需要被改变，学前教育更需要保持公益、普惠，需要得到政府和社会的进一步关注。

三、坚守——教育改革，创造奇迹

没想到不到两年的时间，深圳这座年轻且极具创新、改革魄力的城市，给了我巨大的惊喜，让所有深圳的孩子享受先进、高水平教育的愿望已然触手可及。

2019年，深圳陆续印发实施《关于进一步深化改革促进学前教育普惠优质发展的意见》《关于推进教育高质量发展的意见》《深圳市小区配套幼儿园治理工作实施方案》等系列文件，公办幼儿园和普惠性民办园如雨后春笋般竞相涌现。

作为一个拥有近十五年教学经验的"老"幼师，迎着这股改革的春风，竟也忍不住、忐忑地将简历投到了刚刚经南山区政府民办转型为公办幼儿园其中的一所幼儿园，无关于"饭碗"，无关于"前程"，只为让更多孩子享受更优质的教学环境、更先进的教育理念，发掘自己的潜能，成为更好的自己。

有幸，2020年8月，我加入新转型的幼儿园，成为新小班年级组长兼任小一班班主任，短短的一个学期，见证了新转型的园所从硬件和软件上翻天覆地的变化，这得益于政府对幼教行业的重视，也得益于我们遇上了一位执行力非常强的园长，在新的政策和新的环境中，我和年级组教师很快带领小班的孩子们进入轨道。

在一学期一次的家访中，新入园沫沫小朋友的妈妈非常真诚地表达了对园所、对班级教师的感谢，沫沫妈妈说，通过一个学期的沟通交流，发现孩子的行为习惯和个性老师们都了如指掌，甚至有些细小的方面，作为妈妈都没有观察到，同时深深地感受到老师们对教育事业的认真和负责，把孩子交给我们她非常放心，也很欣慰家中老二遇到了民转公这个好时期，回想起哥哥在私立幼儿园时的种种，教师基本不跟家长做过多的沟通，作为妈妈对孩子在幼儿园的具体情况不清楚，到了中班就开始各种的作业……感觉哥哥在幼儿阶段错过了太多太多，也非常地庆幸弟弟能在初入幼儿园就遇到这么好的政策和这么负责和有经验的老师们。

是的，我也很欣慰赶上了好时期，转公后的幼儿园比之前普惠性幼儿园学费还要低，师资队伍非常庞大，教学课程适合幼儿，孩子们常说："我最喜欢玩自选活动，我最喜欢照顾植物，我喜欢和老师一起观察蚂蚁……"

　　一名幼师，虽无固定的三尺讲台，却会更珍惜班级的每一方天地，因为幼儿的健康成长，才是一座城、一个国真正的未来。作为来深圳十年的幼师，我很荣幸在这样小小的角落，感受着深圳这座城市的巨变，普惠性幼儿园覆盖率的提高、大力发展公办幼儿园等一系列改革措施，都诉说着"深圳式超越"的故事，期待未来十年、二十年与深圳一起创造更多奇迹。

经师无悔，绽放师德之魂

深圳市南山区沙河侨城豪苑幼儿园　谢纯

"学高为师，德高为范"是我来到师范学校、接触教育行业所学的第一课，几年求学生涯，每学期必不可少的是"思想品德"课程。在我没有成为幼师与孩子亲密接触前，仅将这八个字牢记心中，却一知半解，不以为意。毕业后，当真正走进幼儿园时，我才明白作为一名合格的老师，除了要"才高八斗"、专业知识过硬，更重要的是有高尚的品格和情操，这便是"师德"。

在我看来，唐代韩愈《师说》中"师者，所以传道受业解惑也"为师德做了最好的注解。传道为第一位，即传授正确的道德观念，德为先；受业次之，即传授以学，需与时俱进，不断储备新知识；解惑贯穿始终，即用爱人之心为学生解开困顿、迷惑。

一、"传道"：有德为前提

子曰："德之不修，学之不讲。"幼师是孩子接触社会的第一人，幼师对待孩子的态度、一言一行都是孩子学习的榜样，需要慎言、慎行，时刻规范自己的言行举止，才能达到春风化雨、润物无声的效果。

2007年，是我工作的第一年，记得有一次在孩子区域自选活动时间，我一时恼火，训斥了把橡皮泥玩得满地都是的天天，说："你怎么回事？怎么可以把橡皮泥弄得到处都是？"这一切都被浩浩看在眼里，他一直是个遵守规则的孩子，当他看到在一旁玩彩泥的瑶瑶不小心将彩泥房子掉到地上时，还没等我说话，浩浩就大声说道："瑶瑶，你怎么回事？怎么可以把橡皮泥弄得到处都是？"听到似曾相识的话语，我一时语塞，立即意识到自己起到了不好的"带头作用"，于是，我立即对着浩浩笑了笑，把他拉到一边说道："浩浩，瑶瑶是不小心的，你提醒瑶瑶是好事，可是要注意方式方法，不能对小朋友这么凶，不然下次没有小朋友愿意和你交朋友了，老师刚刚这样跟天天说，我也不对，下次我也改正，好吗？"浩浩点了点头，说："我知道了。"

通过这么一件小事，我才深刻意识到，幼儿教师就是孩子们的模仿对象，孩子就是我们日常生活中一面鲜活的镜子，我们一些不太在意的微小举动，都可能被孩子记住并模仿，而由于孩子分辨是非的能力较差，模仿能力又很强，可能会在无意识地模仿中受到不良信息的影响。因此，我们一定要树立良好的榜样，提高自身的师德修养，为幼儿撑起一片蓝天。

只有自己从小事做起，从身边做起，从自身做起，时时、处处、事事做好榜样，才能在孩子心里种下一颗真、善、美的种子。

二、"受业"：有才为底气

"根深才能叶茂，源远才能流长"，在知识更新速度越来越快，教育教学改革如火如荼的当下，做一个与时俱进、勤于学习、精心钻研的老师，则显得越发重要。

记得刚成为幼师时，得益于读书期间丰富的理论知识，在与孩子相处时，我总能有莫名的自信应对各种疑难杂症，一年下来，尽管自己没有明确的教学方法和教学技巧，也没有深入研究教学过程中的细节，但也能勉强应付。

记得2010年9月我带的小班中，宏宏小朋友特别爱吃手，只要得空，他都会将大拇指含在嘴里，宏宏的妈妈为了改正宏宏这个习惯，甚至要求老师在发现宏宏吃手的时候严厉地批评他或者打手。我马上否定了家长的处理方式，并试着用专业知识跟家长解释每一个孩子都是一个独立的个体，性格特点、行为都是不一样的，孩子口欲期吃手的多种原因等。开始宏宏妈妈并不能理解老师的处理方法，觉得她用到的"严厉批评"和"打手"才是最有效的方法。

在接下来的一段时间中，我的关注点都在宏宏身上，发现孩子在紧张时吃手，我将这个发现告诉了家长，并耐心沟通孩子吃手背后的问题和产生的原因，以及最佳的解决方式——老师后续在班级多留心孩子的表现，家长在家多通过眼神和肯定的言语表扬孩子，消除孩子的紧张情绪，同时，也可以经常提醒孩子：吃手是小宝宝的行为，吃手会很容易生病等。在宏宏逐渐熟悉和适应了班集体生活后，宏宏吃手的行为也自然而然地消失了。

很庆幸，宏宏妈妈接受并理解了我的处理方式，让我有机会用专业知识和专业态度，帮助家长欣赏到每一个孩子的独特性，认同同龄的孩子也是有着不一样的个体差异的事实。试想，如果面对不同的"宏宏问题"时，老师一味求快，或仅局限于"教学任务"而一味求稳，不鼓励孩子自我的调节、不期待孩子探索的惊喜、不开阔孩子的视野，我们就只会将孩子教育成为掌握"生硬知识"的复制品。

随着时间的推移，我发现如今家长的教育素养越来越高，"老一套"教学已经慢慢跟不上时代的步伐。曾几何时，幼儿家长关注的焦点从最开始的安全、孩子有所托管，逐渐转移至孩子如何能得到最"高效"的教育、先人一步适应幼小衔接，到如今更多的是询问幼儿园是否有"蒙氏教学""奥尔夫音乐教学""体适能"等特色，是否关注孩子的个体发展。要遵循国家双减政策，做到当前教育改革追求"因材施教"，以适应每个孩子独特的、自主的成长节奏，就更加要求幼师拥有且具备足够丰富的知识储备和富饶的精神食粮。

万事开头难，时刻用知识武装自己，做到好学不倦，不断吸收新知识，定能成为合格的、优秀的教师。

三、"解惑"：有爱为灵魂

爱是教育的灵魂，没有爱就没有教育。爱表现为两个方面：一是对学生的爱，一是对自己教师职业的热爱。

《礼记·学记》中说："亲其师，信其道。"一个人只有在亲近、尊重自己的老师时，才会相信、学习老师所传授的知识和道理。爱，才是学生成长的源泉，一句孩子对我"妈妈"的昵称，胜过千言万语。

2015年，我带中班时，有个叫森森的插班生，他聪明且想象力很强，但小手总是闲不住，不是乱揪别人衣服，就是在别的小朋友脸上抓一抓、挠一挠，虽然没惹出什么大麻烦，但一段时间下来，班里的小朋友及家长怨声载道。

要想解决掉这个"心头大患"，我的特效药就是用爱去感化孩子。我首先做的是查清病灶，以便对症下药。经了解才知道，原来森森父母忙于工作，无暇顾及孩子，一直由奶奶照顾森森，奶奶对他百依百顺，才形成了如今的"小散兵"。再加上原来幼儿园孩子较多，教师无法分出较多时间和精力去约束，只要他不对教学活动影响太大，一般任其自然或提醒其他小朋友离他远一点儿就好。

知己知彼，方能百战百胜，了解了这些情况后，我又对森森进行了家访。在家访中，我了解到森森这孩子特爱拼图，如散乱的中国地图他一会儿就能将之恢复原样。我立即意识到这是一个突破口，于是第二天，我便在班里向小朋友宣布森森是班里的拼图大王，并让他当场演示。在小朋友热烈的掌声中，森森脸上露出了最灿烂的微笑，这微笑里我看到他的成功感、自豪感，也领略到他的幸福感。我也趁机让他当小老师，教其他小朋友玩拼图。我偶尔一句"森森老师，森森老师"地称呼他，让孩子们羡慕不已的同时，也把森森当成了自己的偶像，森森也以小老师自居，更加懂事可爱起来，告状声越来越少了，孩子们围着森森谈笑风生多了，森森越来越招人喜爱了。

我还会经常轻轻地揽着他，告诉他老师很爱他，很想做他的朋友，并且带着他在身边做着欢乐的游戏。慢慢地，我感觉到了自己手心里握着的小手也用力地回握着我；渐渐地，我看到了他脸上绽放出最美的笑容，那是和小伙伴在一起玩耍时的笑容，也是他打开自己的心扉迎接新世界的笑容，更是他对成长过程用心诠释的笑容。我知道，我已用我的爱撑起了森森这颗心。

作为一名幼师，最重要的师德便是真诚地善待每个学生，以爱为始终，做到陶行知先生所说的"以自己的德育人，不仅通过自己的语言去传授知识，而且要用自己的灵魂去塑造学生的灵魂"。作为新时代幼师，让我们共同努力，与时俱进，牢记且践行"学高为师，德高为范"，为新时代"提质"教育添砖增瓦。

守初心，担使命，向未来

——我的教育成长记录

深圳市南山区沙河侨城豪苑幼儿园　柏凌云

20年，7300余日日夜夜，那些如流水般淌过的日子，铺出了我在教育路上的一砖一瓦，亦是我砥砺而行的基石。

回顾这20年教育之路，我从青葱女孩到为人妻、为人母，从懵懂的新手幼师成长为教学园长。沿途坎坷有之，欢欣有之，难忘亦有之。回首望去，才知来时路多艰，但皆不可或缺。在这些磨砺与成就中，我更能读懂教育的本质。在我看来，这是一段不断巩固初心，承担教育使命的可贵岁月，是成就自我与教育的必经之道。

一、历初程·我的教育之梦

成为一名教师，并非我最初的梦想，与许多孩子一样，幼年时的我幻想奇多。一时想做英姿飒爽的解放军，一时又想做救死扶伤的医生，或是想成为优雅知性的空乘员，或是做意气风发的富商。

直到中学时期遇到恩师王老师，她师德高尚，爱生如子，真挚朴实，对教育有着本质的热爱。她曾说："不要把教育当成工作任务，否则是自讨苦吃。好老师没有标准，但好老师一定会被许多人认可，最重要的是被学生认可。"那时，我心中便种下了成为教师的梦想，多年后，也终于生根发芽，引我进入教育之路。王老师的那些话，也始终镌刻于我心中，让我铭记至今。

正如破茧才能成蝶，在成为新手教师之前，我从未忘记淬炼自己，直到拥有了足够的能力与勇气，才怀揣教育之梦，走进了深圳市南山区沙河侨城豪苑幼儿园。这一走，就是20年的日夜兼程。

二、定信念·迈出教育第一步

2003年，我以副班老师的身份开启了我的职业生涯。彼时，我只为自己终于圆梦而深感兴奋，同班的其他老师都很优秀，孩子们也很有活力，我也像是充满电的马达，每天都幸福不已。那时的我，对教育有着最热忱的初心，也有着新手教师常有的天真。我单纯以为，幼儿教师的工作只在小小的课堂，按部就班地完成日常工作，就算是尽心尽力，就能够合格了。直到幼儿园陆续开展大大小小兴趣课堂和户外活动，我才发现自己曾经掌握的那些技能实在捉襟见肘。

在各项活动中，老教师们可以一周时间就排出各种精彩的节目，在活动当天得到圆满反馈。家长会上，他们与各位家长零距离沟通，对每个幼儿情况了如指掌，还能进行一对一细致反馈，深受家长好评。班级管理更是十八般武艺齐全，方法多样，有针对性，效果卓绝。除了本身的教学能力以外，他们大多还掌握了几项特长，或是管理能力突出，或是组织能力优秀，或是亲和力上佳，或是记忆顶尖。和他们相比，我就像是花园里毫不起眼的小草，没有出众的一技之长，也没有教学亮点，如何能继续做好教育工作？

迷茫时，是同班的班主任聂老师开导我，她说："每个人都要经过从无到有的阶段，不必彷徨气馁。年轻就是你的资本，你现在有时间、有精力、有向学之心，这就是你的优势！"与其原地踏步羡慕别人，不如利用自己的时间优势去创造更多价值，收获更多能力。人人都曾是新手教师，那么我能做的，就是迈出第一步，让自己成为比上一个阶段更优秀的教师。

后来，园内领导让我全权策划和组织亲子运动会，那是我第一次真正意义上接手如此重要的活动。为了做好这次任务，我如海绵吸水般四处取经，活动方案写了一版又一版，和年级组长、班主任等讨论了一遍又一遍，甚至带全体教师去小学踩点儿，一次次过流程，忘我地参与让我连吃饭、睡觉都顾不上。最终那一年的亲子运动会得到了圆满成功，大家的好评让我明白，自己已然迈出了最重要的一步，我也看到了自己的优势。

三、行长路·成长永不止步

爬上另一个台阶后，是要原地巩固，还是再接再厉？这是我在这个阶段面临的第一道难题。我曾问资深老教师："我现在不算是新手教师了，也学到了一些东西，现在是要继续学新的东西，还是先把学到的再加深巩固？"老教师告诉我："进步应该是水到渠成，要是加了功利心，效果就大不一样。你要把自己当作学生，摆正心态，才能看到你接下来应该走的路。"

最初我还是会迷茫，但也放缓了步子，沉下心来以学生的心态审视自己，每天的观察和总结成了我的教学习惯，与同事间的沟通更让我受益匪浅。后来也果真如老教师所说，我在日常积累中，自然而然就得到了进步，处理各项事务也得心应手，我也能更从容地应对各种情境。

经过两年的打磨，2005年，我迎来了成为班主任的机会，却不是带领新班，而是中途接手其他班级，我感到了不同的挑战。因为是中途接班，家长们对我还不够信任，他们时常流露出的担忧也成了我无形的压力，每天回到家后什么也不做，只一心钻研学生的情况，希望尽快和所有孩子、家长建立起好的联系。可家长们并不特别买账，孩子们也常问我："某某老师去哪儿了？为什么还是你呀？我想某某老师了！"童言童语固然伤人，却也呈现出他们的真实想法。我开始不断问自己：我能带好这个班吗？孩子们能接纳我吗？怎么才能得到家长和同事们的认可？

面对这道复杂的关卡，我告诉自己："不能等时间去证明一切，要把自己的形象树立在孩子们心中，让他们彻底认可你、喜爱你！"怀着这样的心情，我在互动和陪伴中与孩子们建立连接，用真诚和努力来回应家长。功夫不负有心人，我的诚心让家长们渐渐愿意付出信任。但我不能松懈，我深知长期的信任源于孩子们可见的成长。于是我进一步针对不同幼儿的特征和体质，为他们定制了个性的成长计划，在一日生活的方方面面精心斟酌，在大小流程上全程参与、绝不错过，同时积极开展兴趣课堂，引导孩子们在快乐学习中培养出色的兴趣爱好。每天下班后，我除了总结自己的工作内容，还会及时整理当天的幼儿情况，发布到班级群中供家长们监督。时间证明着我的选择，一学期后，班上幼儿们的体质和心理状态都得到极大提升，有了很好的成长面貌，家长们对我也赞不绝口，我成功扛下了班主任的责任，交出了令人满意的答卷。

教育的本质都是为了孩子的成长，所有的教师都在为之努力，但或许并不是所有教师都能被理解。这一阶段的成功，缘于我把真诚的一面交给了孩子和家长，以真诚换真诚，教育才能水到渠成。

四、再出发·晋升路上步铿锵

2008年是特殊的一年，这一年，我多了一层身份——年级组长，从管理一个班级到管理四个班级，责任范围更广，压力也倍增。恰逢这年幼儿园要进行省级评估，据说专家们会蹲班蹲点考察两天，综合评估幼儿园的实力。这不仅是考察一个人的能力，也是要考察整个团队、整个幼儿园的水平，我意识到自己必须应对好这件事，即便是年级组长中的"新手"，也要展现出相应的能力。

一个人的力量永远有限，团队的力量不容小觑。一开始，有教师建议："可以做特色班级，等专家团队来时，让专家团队注意到我们部分教师优秀的教学能力。"也有人说："我们要把幼儿园的特色打出去。"向其他年级组长请教，他们则告诉我："省级评估主要还是考验团队能力，但你的个人管理能力也不能少。"我没有直接盲目采纳，而是结合多方建议，决定抛弃"个人出风头"的形式，从"园内风气"出发，做好综合效应。为此，我带领老师们一起做好园内优化，让大家互相配合，各展其能。最终良好的园内氛围得到了专家团的一致认可，并顺利通过省级评估。我松了一口气的同时，也从心底里感激每一位同事，因为教育和工作绝非一个人的单打独斗，从团队出发，才能释放更多的价值。

2020年，在党和政府强有力的支持下，幼儿园顺利转型为公办园，园内风气也随之更加蓬勃。在这一年，我正式从一线教师的身份转变为教学主任，工作范畴也不再仅限于幼儿教学，而是要统筹全园的相关教育事务。担子越重，脚步就越慢，越怕出差错，我也曾为此沮丧，但家人与同事们毫不犹豫的支持，逐渐成为我的力量，让我越来越自信从容。

五、迎朝阳·圆梦之路向未来

2021年，我成为幼儿园教学园长，似乎又往前迈了一步，成为一个管理者。然而新的角色让我更深刻地认识到，管理者背后的真正职能应是服务：我既要为孩子们的成长服务，也要为家长们的信任服务，要为同事们的安宁工作服务，更要为幼儿园的未来发展服务。因此，除了继续进行教育方向的学术研究，我也注重心理身份的塑造，时刻保持对教育初心的认知，铭记自己身为教育者的根本身份，带着最初的那份教育梦想坚定奋斗。

于社会而言，20年仿佛弹指一挥间，却也足以见证一座城市的繁华，一个国家的强大，一个民族的兴旺。而我见证的20年，能让一座幼儿园完成涅槃一般的蜕变，更能让一个普普通通的幼儿教师完成身份的更迭。回顾我的20年教育岁月，仿若一场充满激励的梦。从2003年到2023年，我走过了一段虽有坎坷，但更多是无悔与骄傲的道路。人生唯有一次又一次地创造，才能看到更多价值。而今，社会在接续力量，期待在下一个10年岁月中更创辉煌。身为幼儿园园长，我怎能不跟随其步，在更多的7300余日日夜夜里，走好我的圆梦之路呢？